普通の母ちゃんだけど、
「型にハマった家は建てたくない！」と
連日徹夜でこだわりまくり、
気合いと根性で
郊外に一軒家を作りました。

東京で暮らしていた頃よりも
友人が集まってくれて、
趣味でもある
おもてなし料理に磨きがかかりました。

「家のこと」と「料理のこと」。
この本ではその2つを紹介しています。

と、気取っちゃってますが
アイランドキッチンに
コンセントをつければよかったー。
ドアの色、白でも素敵だったかも
揚げ春巻き、大爆発！
中身全部出ちゃったよ（笑）。
切っておいた野菜、入れ忘れちゃった‼
なーんて、おっちょこちょいも日々たくさん。
だけど目指すは、
１００％ではなく、余白のある５０％。
失敗も間違いも、
「ま、いっか！」って笑いながら、
じっくりゆっくり直していけばいい。

毎日ていねいになんてできませんよ~。

でも、好きなことだけは

いつだって「ていねい」に頑張りたい。

そして、信頼する人がおすすめする、

モノやコトにはたくさん頼ってラクしたい。

家も料理も育てながら、

私たち家族も共に成長していけたらいいいな。

がはははは

CONTENTS

P2／ Pasand by ne Quittez pasのワンピース、H BEAUTY&YOUTH のタンクトップ、くらしと生協×石岡真実コラボのエプロン
P9／onitのオールインワン、NOCHINO OPTICALのサングラス
P11／MIESROHEのタートルニット、Wai+のデニムパンツ、The Rowのベルト

フリーランスのディレクターとして
都内と郊外を行き来して働く〝わたし〞。
息子、肉父さんと過ごす〝母ちゃん〞。
そして、雑誌を読んだり晩酌したりと
リラックスする〝ひとり〞。
してからも、
わらず大切にしている3つの時間です。

時間

The Rowのアウター・バッグ・ベルト、ATONのトップス、RED CARD TOKYOのデニムパンツ、Zoffのメガネ、CADEAUXのピアス、blanc irisのネックレス

わたし／母ちゃん／ひとり

3つの

東京までの移動時間で、いかにタスクをこなせるか！ ゲーム感覚で楽しんでいます。

撮影や打ち合わせなどで都内に出るときは、大きめバッグに荷物がたっぷり。だから化粧直し用のコスメやおやつ、サプリなどは〈Ziploc〉に入れて、なるべく軽くすっきりさせています。料理のレシピや洋服のコーディネートなど、電車移動中に浮かんだことは〈MIDORI〉の手帳に即メモ。そして、移動時間でスマホの充電が減るので、〈ANKER〉のモバイルバッテリーも必須！

California General Storeのトップス、RE/DONEのデニムパンツ、NOCHINO OPTICALのサングラス、
The Rowのバッグ、CADEAUXのピアス、Acne Studiosのストール

わたしの時間

3つの時間

1

アパレルブランドと服を作ったり、恐縮ながらモデルをさせていただいたり、料理のレシピを考えたり。私の仕事は、SNSにアップした〝自分の暮らし〟がきっかけで、そこから広がったものがほとんどです。東京での仕事が圧倒的に多いので、郊外に引っ越すことはもちろん不安だし悩みました。でも、長い電車時間で、スタイリングやレシピを考えたりしていたら、「めっちゃはかどるじゃん！」ということに気付き、移動時間内に終わらせるタスクを作ることで効率がよくなりました。フットワークは軽く、興味のあることは貪欲になんでもやるっス！（笑）という直球型なので、都内に出てアンテナを張ることが好きだし、移動も苦ではないんです。朝、最寄り駅の改札をバーン！と通りながら、「さ、仕事！」と切り変える瞬間を毎回楽しんでいます。

ちなみに、会食などで夜が遅くなるときは、思い切って都内に外泊することもあります。肉父さん（↑夫の愛称。p.1参照）は「共働きだから」と言って、夏太郎が寂しくならないよう、一緒に過ごしてくれます。どこに住んでいても、どこで仕事をしていても、いろんなことに柔軟でずっと私らしくいたい。それも家族の協力があってこそ！

都内に行く1日の流れ　※息子のお迎え担当は肉父さん

05:30	起床 ベッドで軽くストレッチ、換気、歯磨き、ごはん作り
06:30	父と息子で朝ごはん 同時に台所の片付け、学校の準備
07:00	息子の身支度サポート ※父母どちらか
07:20	送り出す
07:30	お香を焚いて、軽めの片付け （玄関を掃く、ルンバ起動、洗濯など）
07:40	メイク、身支度
08:30	母も軽く朝ごはん
09:00	渋谷へ移動 （電車内で1時間ほどメールやSNSチェック）
10:30	早めに着いて、ひとり喫茶タイム
11:00	移動して打ち合わせ開始
12:30	仕事の方とランチ 次の打ち合わせや展示会、カフェで作業など
17:00	仕事終了
17:30	友人と待ち合わせて赤提灯へ （ワインが飲めるお店にはしごするときも）
21:30	解散、移動
23:15	帰宅
23:30	シャワー後、スキンケア
00:00	就寝

2

母ちゃんの時間

そもそも好きなのもあるけれど、我が家の炊事担当は基本、私。肉父さんは料理をしません。少し前まで私が外出して夜をあける日、息子と男子ふたりの夜ごはんを任せると、なぜかいっつも市販品の肉団子ばかり。「え、野菜は!?」「栄養は!?」ってチクチク言ったりして、喧嘩することもしばしば。でも、相手に期待するとイライラするし、怒ってばかりじゃ楽しくないなって。それからは、必ず夜ごはんを作ってから出かけるようにしました。お互いに得意不得意があるからね、できないところはできないままでいい。「ま、いっか！」と言葉に出して、切り替えてからは喧嘩もまったくなくなりました。

平日は忙しくて帰宅が遅い肉父さんですが、人を楽しませるのが大の得意。休日は、息子とキックボクシングでふざけたり、庭で走り回ったり、プールで思いっきり遊んだり。週末のお出かけや旅行の段取りまでもしてくれます。夏太郎には、いろんなことを経験させてのびのび育ってほしいね！　と夫婦でよく話しているのですが、この家で暮らすようになって、より家族と過ごす時間にメリハリができました。

家で過ごす1日の流れ　※肉父さんが遅くなる日

05:30	起床
	ベッドで軽くストレッチ、換気、歯磨き、ごはん作り
06:30	父と息子で朝ごはん
	同時に台所の片付け、学校の準備
07:00	息子の身支度サポート ※父母どちらか
07:20	送り出す
07:30	お香を焚いて、軽めの片付け
	(玄関を掃く、ルンバ起動、洗濯など)
08:00	庭のチェック
08:30	軽めの筋トレ
09:00	ひとり気楽な朝ごはん
09:30	メイク、身支度
10:00	リモート打ち合わせ
11:00	書類整理、資料まとめ
12:30	お昼ごはん
13:30	洗濯物を畳む、アイロンをかける
14:30	打ち合わせ、コーデ作り、書類まとめ
16:00	スーパーへ買い出し
16:30	夜ごはん作り(この日はささみカツ)
17:30	学童お迎え
18:00	息子と夜ごはん
19:00	後片付け、宿題のサポート
20:00	一緒にお風呂
20:30	それぞれの自由時間
21:00	息子の寝かしつけ
21:30	家事室でひとり時間
23:30	炊飯器のタイマーをかけて、就寝

「お互い干渉しすぎない」。笑って毎日を過ごしたいから、大切にしていること。

家族でゆっくり囲む休日の朝ごはんは貴重。大中小の塩むすび、そして栄養たっぷりの蒸し豚汁（作り方はp.109参照）を。普段のごはんは、「鍋ごとドン！」の好きなだけ召し上がれスタイルです。

真実／UNIQLOのTシャツ、FUJII LABELのフランス別注のエプロン、melyne.のピアス　父／韓国で買ったタンクトップ（¥300）　息子／oojuのTシャツ

ひとりの時間

3つの時間

3

同じ部屋に、友人や家族がずっといても平気でリラックスできた私。ですが、子供を授かり、母になってからは、ひとりの時間が必要になりました。というのも、夏太郎は保育所に入れず3年間、待機児童。平日は仕事場に連れて行ったり、合間で公園遊びに付き合ったり。息子と過ごす時間は楽しいけれど、24時間ずっと一緒。しかたがない。だけど、仕事がはかどらないときはしんどかったー(笑)。だから家を建てるときは、絶対に〝無〟になれるスペースがほしかったんです。

　私の希望で、パントリーの一角に小さな「家事室」を作りました。入り口のカーテンをシャッ！　と閉めるだけですが、空間が仕切れてひとりのスペースに。好きな雑誌をめくりながら、いいちこやキンミヤ焼酎で晩酌。このインテリアいいなとか、このレシピをアレンジしてみようとか。ボーッとリラックスしながらも、インプットもできるひととき、最高に幸せです。つい飲みすぎちゃって、そのまま寝落ちしたことも。「台所、家事室、衣装部屋、洗濯室……真実ばっか。ワシの場所、2.5畳の書斎しかないのでは疑惑」と肉父さんがボヤいてました(笑)。へへへ。

柑橘類をたっぷり絞ったサワーは、最近のお気に入り。おつまみは、蟹缶とクリームチーズのディップをのせたクラッカー、旭ポン酢をかけためかぶ、そしてタコとキュウリの和え物。ひとりのときは、簡単なおつまみで、ちびちびやります。

左ページ／three dots×フォトグラファー当山礼子さんコラボのTシャツ

夜、誰もいないこの場所で、ひとりこもれる時間がたまらなく好きなんです。

暮らしのこと。

about Home & Lifestyle.

東京に出てきて20年、3人では6年間暮らした東京を離れ、夫・肉父さんの地元、埼玉に家を建てました。義両親が住む実家を取り壊し、約2年かけてこだわりにこだわって作った家は、「我が家3人が暮らす2階建て」と「義両親の平屋」がつながったI字型（真っ直ぐな長方形）の一軒家。

どうせ作るなら、都内ではできない思い切ったおうちに！と夫婦で話し、とにかく明るい部屋、そして型にハマらず自分たちらしくしようと決めました。土地代はかからないから建物のことだけ考えよう、と思ったのも束の間、昔の地盤では現代の家は建てられないと地盤改良で急な費用がかかったり、間取りにこだわりすぎて最終的には半年近くも手こずってしまったり……と、思ったように進まず。みんなが言う家作りのさまざまな壁にぶち当たりました。

いざ暮らしはじめて1年が経ち、あーしたい、こーしたい、はどんどん出てくるけれど、「いい家だよな〜」なんて夫婦で言い合える一軒家ができました。まだまだ50%ですが、この先ゆっくりじっくり育てるように暮らしていきたい。家作りは終わりがないから、オモシロイ！

東京を離れ、郊外で暮らす

大きな窓で、とにかく明るい家に

子供の頃は夫婦ともに一軒家で育ったので、いつかは一軒家に住むよね？　でも、東京に建てるのは現実的に難しいんじゃないかな、なんて考えていました。そんなとき、コロナ禍、息子の小学校入学……他にもいろんなことが重なり、決断。世田谷区の賃貸マンションを離れ、埼玉に一軒家を建てました。「自然いっぱいな土地で太陽をたくさん感じて、カントリー精神を育んだら、それがきっと武器になる。東京や世界に出ていくのはその後でいい！」なんて、子育て論を肉父さんは話していて（笑）。私も夏太郎には、自然に恵まれた環境でたくさん遊び、いろいろな経験をしてのびのび育ってほしいと思っていたので、それも決断した理由のひとつです。肉父さんの勤めている会社は東京ですし、私も都内での仕事が多いので、大変なことはもちろんあります。でも、アラフォーになり、20代や30代前半では気付けなかった考え方や新しい価値観が生まれ、今を頑張りながら、自然に囲まれたこの場所で、どう暮らしていこうかと探る毎日も楽しいんです。

家の中でいちばんこだわったキッチンは、「こうしたい！」とスケッチブックに描き込み、工務店さんに相談しました。前の家から使っている食器棚を壁側にどうはめ込むかなど、サイズや写真を貼って細かめに。

家を作るときのいちばんの希望は「とにかく明るいおうち」。だからリビングダイニング、洋室、寝室、書斎、子供部屋、義両親の部屋など、主要な部屋はすべて南向きにしました。肉父さんは「せっかく郊外に住むなら、リビングは25畳以上で窓は大きく、絶対吹き抜けがいい」、そして義両親は「住みやすい平屋」をリクエスト。その中で迷ったのは、どうやって義両親と二世帯で暮らす家を作るか。二軒建てようとしたら、費用も莫大になる。だったら玄関は別で、廊下を隔てたI字型にしよう！と。〝同居のような同居じゃないような程よい距離感を保てる、居心地のいい家ができました。〟

義両親との暮らしは、つねに誰かがいる安心感があるし、夫婦で夜遅くなる日には夏太郎のお迎えに行ってくれたりと、本当に感謝しています。この家ができてから、親戚や夏太郎のいとこたちがよく遊びに来てくれるようになり、義両親がとても喜んでくれたことは私たちも嬉しかったです。

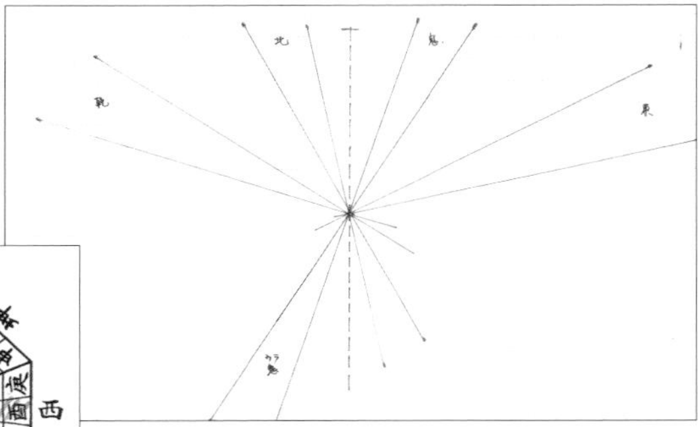

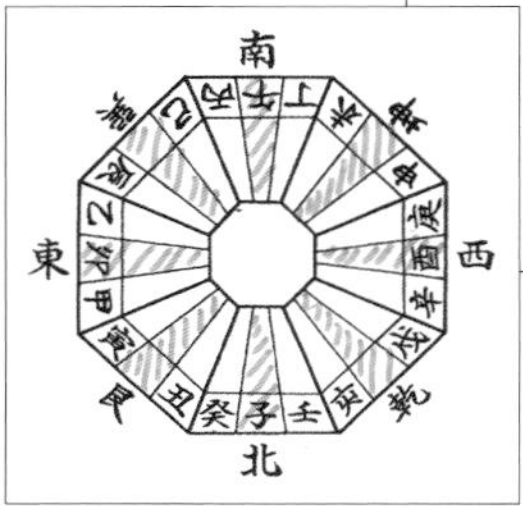

家相とは、中国から伝わってきた環境学のひとつ。よくない方位とされている「鬼門」や「裏鬼門」に、トイレやお風呂など水回りの場所がかからないかを確認するため、左の方位盤を元に、上の図面を作成。それを間取り図に重ねて、何度も微調整しました。

「家相」と「導線」にこだわった渾身の間取り

郊外にある広い土地だからこそ、なんでも自由にできる。けれど、ゼロからどう作ろうかとかなり悩み、時間もかかりました。そこで最初にぶち当たった壁は、間取り。部屋の行き来がスムーズになるような「導線」と、方位や間取りから吉凶を見る「家相」（上の図面参照）を確認する作業がとにかく大変で。それを元に、「こんなおうちに住みたい！」と間取り図を描かせていただき（素人なのにすみません）、自分たちが納得するまで工務店さんと一緒に設計していきました。

「導線」でこだわったのは、家の中に行き止まりを作らないこと、そして通路は気持ちよく一直線。これで毎日の家事がだいぶラクになりました。次に、鑑定師さんに見てもらった「家相」ですが、現在では風水の要素も取り入れて考えられているそうです。最初はお庭を囲むようなＬ字型の家も考えたのですが、風水上よくないとのこと。結果、Ｉ字型の二世帯にしたら窓からお互いの家が見えないので、気を使わずに暮らせる家になりました。「風水なんて……」と以前は信じなか

雑誌の切り抜きを貼って作った、スクラップブック。間取りを考える作業と同時に、工務店さんにイメージを伝える際に使いました。右はキッチンや収納棚、左はパントリーの資料です。

ったけれど、〝昔の人の知恵〟ってことなんですよね。「気をよくする風水」＝「気分が上がることは生活に大事」なんだと暮らしてみてわかりました。納得できる間取りを完成させたかったので、家相鑑定はなんと10回も！　でも、鑑定はお金もかかるし通うのも大変だったので、肉父さんが根性で勉強し、最終的には自分で図面を書き直せるようになってました(笑)。「やべぇ、この線、水回りにかかってる！」など１㎜単位で何度も修正した、奇跡の間取りなんです。(p.30参照)

どうせお金をかけるなら１００％に！　と、当初は思っていましたが、暮らしてみて感じたことは、50％でいいんじゃないかなって。「50でも合格点。１００に近づけるために、暮らしながら少しずつ豊かなものにすればいいよ」と、肉父さんが（たまには）いいことを言ってくれました。観葉植物を加えたり、家具を配置するだけでどんどん変わる。イメージとは違ったドアの色は塗り替えればいいし、棚の出っ張りは切っちゃえばいい。「ま、いっか！」って笑いながら、家も自分たちも育てていくことを楽しんでいきたいと思っています。

家を建てるまでのスケジュール

家を建てるぞ！　と決めてからは、何度も打ち合わせを重ね、約2年間かかって
引っ越すことができました。こちらが我が家の、家を建てて引っ越すまでの流れです。

STEP **1**

敷地整備・工事

① 家を建てることを決める
② 依頼会社選び（※A）
③ 家のイメージ作り（※B）

STEP **2**

検討・契約

④ 実施計画・見積もり
⑤ 工事請負契約
⑥ 工事の詳細な打ち合わせ（※C）
⑦ 住宅ローンの事前審査

STEP **3**

敷地整備・工事

⑧ 家の解体
⑨ 地鎮祭
⑩ 住宅ローンの本審査
⑪ 着工
⑫ 承認図の確認・捺印（※D）
⑬ 上棟式（※E）

STEP **4**

完成・引越し

⑭ 竣工
⑮ 引き渡し
⑯ 引越し業者見積もり
⑰ 引越し準備、梱包（※F）
⑱ 入居

※A
家を建てることを決めた5か月後に、住宅展示会場へ何度か足を運び、工務店を選びました。我が家は、さいたま市にある「黒澤工務店」さんに依頼。

※B
工務店の決定と同時に、住みたい家や部屋のイメージを集めました。雑誌の切り抜きをスケッチブックに貼ったり、アプリのPinterestで画像を収集。

※C
間取りの最終決定までに約半年くらいと、とにかく時間をかけてしまいました。これが決まらないことには、工事が進められないんですよね。

※D
家作りの中で、ここが特に大事！　今まで決めてきた内容がまとめてある書類に目を通して、捺印。書類が多いのですが、間違いがないかよく確認を!!

※E
黒澤工務店さんのはっぴを家族で着て（写真右）、工事の安全をお祈りしました。その後、内装工事などがはじまり、キッチン周りをチェックしている様子（写真下）。

※F
仕事もしていたので、引越し準備が進まず……。思い切って、一部を家事代行に依頼したらすごくラクで。プロの手を借りられるって、ありがたい！

知って得する?!

家にまつわる
アレコレ

工務店との打ち合わせは集中力のある午前中に!

とにかく相談ごとや決めることが盛りだくさんで、打ち合わせはいつも3〜4時間ほど。集中力が切れて、「もうこれでいっか」なんてことにならないように、頭がシャキッとする午前でお願いしていました。気合を入れるため、朝からメガシャキを飲むこともあったなあ(笑)。

スクラップブックなどで自分の理想をしっかり作る

家作りは初めてだし、専門用語もわかりません。だからこそ、自分たちが考える世界観やイメージを工務店と共有できるように、一目瞭然で「理想」が伝わるスクラップブックを作りました(p.25-27写真参照)。この作業のおかげで、自分の中でさらにイメージがつかめ、好きなものの軸もブレなくなりました。早めに作っておくと、工務店選びのときにも重宝するはず!

家具や細かいパーツなど空間作りに欠かせない4店!

家を作るときだけではなく、リノベーションや模様替えのときにもおすすめ。オリジナル感を出したいとき、この4つはチェックします。ほしい! が見つかり、信頼できるお店です。

想定外の出費に驚愕!家作りはお金がかかる

我が家は、土地をしっかり作り直す「地盤改良」(p.22にも記載)のため、想定外で約200万かかりました。他にも、行政書士さんやいろんな手数料など、そのときどきで必要な支払いがたくさん! 急に出てくるんです。すべて、ローン組みの中でやりくりできているのかと思ったら、大間違い(笑)。もちろん最初に説明をしてもらっているので、急なはずはないのですが、確認ごとが多くていつの間にか抜けて……。家作りの際は、十分な確認とメモを忘れずに!

日々の導線を考え重点的にこだわった1階

我が家のお金のかけ方は、1階と2階では7:3の比率。はじめは2階にももっと収納を作るとか、見せ階段なども考えましたが、工務店から「日々の導線が大事!」と助言をいただき、2階の寝室やトイレ、階段はあまりお金をかけず、超シンプルに。結果、大満足になりました!

①理想のアイテムが揃う〈toolbox〉

電気やドアノブのパーツなど、とにかく種類が豊富で見ているだけでも楽しい!! 値段も手頃で、オリジナルを作り出せるお店です。

②古家具といえば〈pejite 益子〉

職人さんの手によってメンテナンスされ、新たに生まれ変わった年代物の家具。出合ってしまったら即買いです! 器や雑貨類も素敵。

③西洋民芸の店〈グランピエ〉

異国の民芸品をはじめ、雑貨やラグ、布などが勢揃い。まるで宝探しのようにワクワクしちゃう店内は、欲しいものが必ず見つかります。

④木材オーダーはココ〈SHARE WOODS.〉

我が家のダイニングテーブルは、東京でも、現在の家でもこちらでオーダー。信頼できる代表の山崎正夫さんに相談し、お願いしました。

HOUSE LAYOUT

我が家の間取り

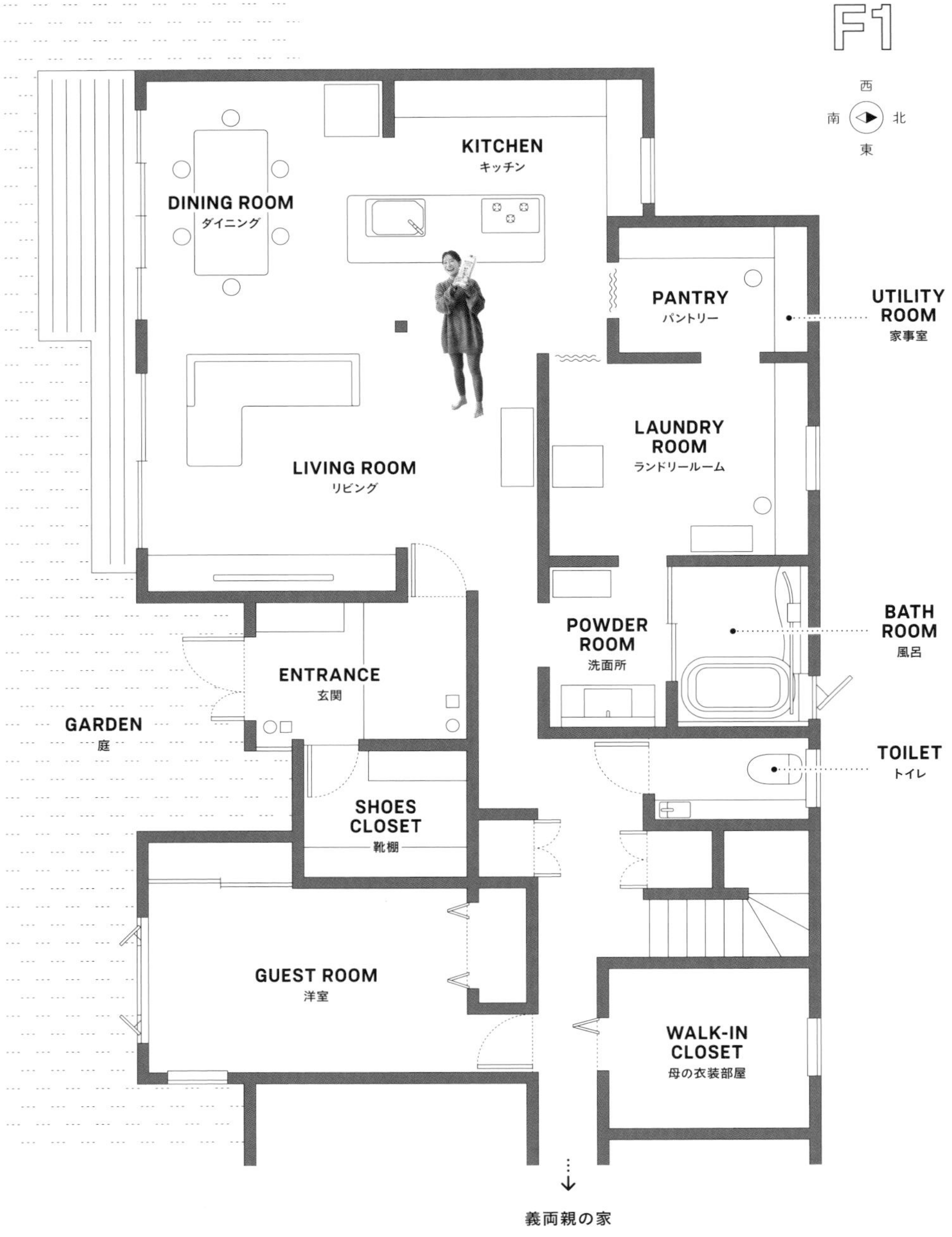
F1
西
南
北
東
KITCHEN
キッチン
DINING ROOM
ダイニング
PANTRY
パントリー
UTILITY
ROOM
家事室
LAUNDRY
ROOM
ランドリールーム
LIVING ROOM
リビング
BATH
ROOM
風呂
POWDER
ROOM
洗面所
ENTRANCE
玄関
GARDEN
庭
TOILET
トイレ
SHOES
CLOSET
靴棚
GUEST ROOM
洋室
WALK-IN
CLOSET
母の衣装部屋
義両親の家

こちらが肉父さんと工務店さんが作り上げた、「鬼門を100%クリアした奇跡の間取り」です（笑）。どの部屋にもスムーズに行け、行き止まりがない「導線」は、私が特にこだわった部分です。衣装部屋の前にある廊下を進むと、義両親の家につながります。

KITCHEN

棚のイメージ図も描いた すべて見渡せる〝私の部屋〞

家の中でいちばんこだわってお金もかけた場所は、台所。料理中はパッと動きたいから、行き止まりがないアイランドキッチンにしました。家では大体ここにいるし、言ってしまえば〝私の部屋〞。棚は見せる収納で迷わないように、だけど隠したい場所には布を画びょうでとめて、メリハリをつけています。好きなアートや植物を飾り、温もりも大切にした台所です。

UNIQLOのロンT、FUJII LABELのフランス別注のエプロン、
onitのパンツ、Tiffany & Co.のヴィンテージブレスレット

［KITCHEN］

自分で設計図も描いた すべて見える壁側の収納

高い場所の収納

奥のL字カウンター

上：脚立が必要な引き戸には、ときどき使うビールグラスやお弁当箱など、細かなものを。背伸びすれば手が届く2段目は、見えても可愛い鍋などを置いています。白い土鍋は内田可織さん、〈仁平古家具店〉で買ったカゴは、息子のお菓子と私のつまみ入れです。
右：〈象印マホービン〉の圧力釜、〈BALMUDA〉のケトル、〈Cuisinart〉のフードプロセッサー、〈soda stream〉など。調理家電はコンセントもあるL字カウンター1箇所にまとめ、空間を引き締める黒色で統一。

下の棚（右側）

右：骨董もの、同じ色や形などゆるいルールで器を収納しています。2段目の〈無印良品〉の半透明ボックスには乾物を。いちばん下は〈山一〉の桐の米びつを〈無印良品〉の平台車にのせて出しやすく。

左：シンクの後ろにある棚はステンレス素材にして、バットやボウルなどの料理道具を収納。ワインが大好きなので、棚の横には約28本収納できる〈funVino〉のワインセラーを置いています。ちなみに、キッチンの床の黒いタイルは、〈Hi-Ceramics〉のエクストリームモノ&ナチュラルです。

ビルトインオーブン

引越しを機に、電子レンジをやめて〈Miele〉のコンビスチームオーブンにしました。今はトーストやグラタンを焼いてます。設置場所をちょっと高くしちゃったから、使うときはいつも背伸び（笑）。

キッチン後ろの食器棚

前の家から使っていた〈pejite 青山〉の食器棚が入るように設計したキッチン。ここには普段使いの器を入れているので、ガラス戸は基本開けっぱなしに。引き出しには豆皿と、調理道具を分けて収納しています。

下の棚（左側）

[KITCHEN] 長さ2.55mのアイランドキッチン

上：〈TOYOURA〉のハンドメイドシンクは、シンプルな洗剤置き場があるタイプに。掃除しやすく、リビングから洗剤やスポンジも見えないのがいい！　洗いかごは〈無印良品〉のものが、たまたまぴったりハマりました。蛇口はラクなセンサー付きタイプ。

下：レンジフードは、デザインと吸引力で〈KASSEL〉を。〈Roundabout〉で買った計量カップ、〈山一〉の蒸し器など、よく使う道具をのせています。料理や家事をするときは、ワイヤレススピーカー〈RERUU〉で音楽をガンガンかけながら楽しみます！

上：無骨な見た目の〈リンナイ〉のステンレス製コンロ。4つ口にしたら、料理のスピード感が全然違う！コンロの左横には、よく使う調理道具や塩こしょうなどをまとめて。

左：〈Miele〉の食洗機の扉も含め、側面はモールテックスで造作。天板はお手入れもしやすい人工大理石に。
下：シンク下には、ローラー付きの〈無印良品〉のダストボックスを3つ。タオル掛けは〈toolbox〉で購入し、後から自分で取り付けました。

シンク下のゴミ箱

下：頻繁に使う鍋やフライパンは、金属製の格子の棚に収納。あえて扉はつけず、さっと引き出せて、奥の物まで簡単に取り出せるように作りました。右側の引き出し1段目には〈Joseph Joseph〉のナイフオーガナイザーに包丁を、2段目は〈IKEA〉と〈無印良品〉の竹製ボックスでカトラリーを分別しています。いろんな種類の調味料を使いたいので、収納もたっぷりめ。

ガスコンロ下の収納

キッチンを明るくしたくて、北側にも窓を。韓国で見つけた、伝統手芸品のポジャギを画びょうでとめてカーテン代わりにしました。L字型カウンターにしたので、瓶に詰め替えたスパイスやお茶類、季節の植物などを飾っています。ちなみに床のワインの空き瓶は、飾りじゃなくて捨てるのが苦手なだけなんです（笑）。

上：スイッチ類は、文字がないシンプルなタイプで全室統一。この壁につけた給湯器スイッチなどを隠したくて、〈pejite 益子〉で見つけたアフリカの伝統布・クバクロスでカバーしました。

右：上に鍋やヤカンなどをのせられる金属製の脚を〈グランピエ〉で購入。別売りのアルミトレイを組み合わせ、ボトルタイプのスパイスを飾るように置いています。

左：北側のカウンター下には、〈仁平古道具店〉の棚を。南部鉄器の急須や佐藤もも子さんの器などを並べ、見せる収納にしました。〈無印良品〉のトタンボックスにはお茶をストックしています。

[REFRIGERATOR] ニトリの収納ケースで冷蔵庫はすっきり

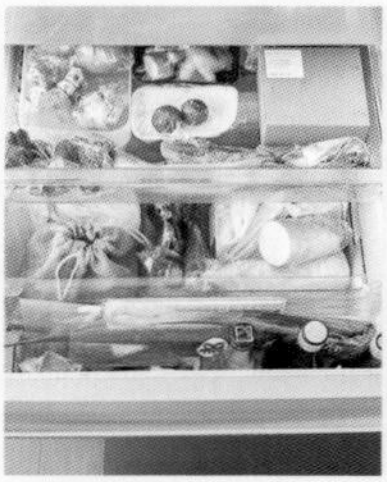

野菜室

冷凍室

整理整頓に、透明で中身が見える〈ニトリ〉の冷蔵庫収納が大活躍。冷凍室でも重宝するタッパーやジッパー付き袋は〈Ziploc〉を愛用。作り置きしたミートソースや油揚げはつねに冷凍しています。野菜室では、〈無印良品〉の野菜袋や収納トレイを活用。写真は料理撮影の日なので、たまたま食材がぎっしり！　普段はもっと余白を作って、奥の物も見えやすくしています。

LIVING ROOM

2階までの吹き抜けがこだわり。陽射したっぷりのリビング

肉父さんたっての希望「25畳以上で、大きな窓と吹き抜け」の広いリビング。ギリギリまで大きく作った、縦約2.4m×横約2.4mの窓からは陽射しがたっぷり。学校から帰ってきた夏太郎は、真っ先にこのソファに座ってゴロゴロしています。ちなみに肉父さんも、休日はだいたいここに。「よだれを垂らしながら、ソファで寝るのが幸せ〜♡」、と言っていました(笑)。

[LIVING ROOM]

庭が一望できる気持ちのよい窓辺

上:窓辺は、吹き抜けもあるので寂しくならないよう高さのあるものを中心に、観葉植物を置いています。豪徳寺の花屋〈ハッカニブンノイチ〉に選んでもらいました。大人が寝られるほど大きなソファは、芦沢啓治さんデザインの〈Karimoku Case Study〉。季節によってソファの向きを変えたりして、窓から見える景色を楽しんでいます。

左:正直、おもちゃの片付けが苦手(!)なので、窓辺には息子のお気に入りのおもちゃがたくさん転がっています。楽しんでくれているなら「ま、いっか!」と、わりとそのまま(笑)。でも、お客様が来る日はさっと隠せるように、見ためも可愛いく収納力抜群な〈無印良品〉のダークグレーの頑丈収納ボックスに片付けてます。

UNIQLOのロンT、JOURNAL STANDARD relume×石岡真実コラボのオーバーオール、Zoffのメガネ、by Preekのピアス

壁には息子の絵

子供部屋はありますが、家ではほぼリビングで過ごす夏太郎。床でお絵描きや宿題をすることも多く、息子が気に入った絵をTV横の壁にまとめて貼ってみたら、なんだかアートっぽい。観葉植物の効果もあって、素敵なインテリアの一部になりました。

テレビ台下（左側）のカゴ

ランドセルは、リビングか家事室に置くことがほとんど。毎日出る学校の提出物と宿題は、〈無印良品〉のラタンボックスにひとまとめ。こうやって場所を決めることで、忘れ物予防にもなっています。

テレビ台下（中央）の収納

Wi-Fiやリモコン類は、扉付きの収納にしまって隠しています。ごちゃごちゃしちゃうコード類は〈無印良品〉のジュートボックスに入れてスッキリ。夏太郎が今読んでいる本もここに収納。

[LIVING ROOM]

"好き"だけを集めた壁側

リビングの壁は、私の好きなものが集合。電車で往復4時間かけて購入した、〈HAyU〉のワイヤーアート、大阪〈LIGHT YEARS〉で出会ったアフリカのセヌフォスツール、〈Sheworks〉のタペストリーなど、どれもひと目惚れしたものばかり。〈pejite 青山〉の古家具でできた食器棚は、高さを出したほうがこの場所には合うかも? と友人からアイディアをもらい、ホームセンターで見つけた約300円のコンクリートの塊を積んでみました。

食器棚の上

食器棚の引き出し

右ページで私が持っている〈LIGHT YEARS〉の軽石でできたライト。ほわんとした優しい光がキレイで、毎晩、灯すのが楽しみなんです。

ライトをつけると…

上：〈Louis Poulsen〉のパンテラポータブル、辻野剛さんの花器、韓国で買ったお香立て、豪徳寺の招き猫など。「バランス感を意識すれば、何を置いてもいい」と、インテリアスタイリストの石井佳苗さんの本「Heima」や雑誌などからヒントを得て、家作りをしながら飾り方の幅も広がりました。

下：お客様に自由に選んだり使ったりしてもらえたらと、来客用のグラス類はリビングの食器棚に収納しています。引き出しには、土器や陶器類、ガラス類と2つに分けています。お気に入りのフルーツ柄グラスは、〈ニトリ〉で見つけたもの。

DINING ROOM

〝美味しい〟を囲む おもてなしのメインルーム

リビングの奥にある約6畳のダイニングは、温かみや〝おこもり感〟を大切に。みんなで落ち着いて、美味しいものを囲む場所をイメージしました。大きなテーブルを置いても不思議と狭さを感じないのは、部屋の延長のように作った庭のウッドデッキのおかげ。天気のよい日はこの窓からそのまま庭に出て、大人も子供もはしゃいでいます。

リビングとダイニングの間は陽当たりがよく、グリーンがよく育ちます。観葉植物は個性的で暴れているものが好きで、〈ハッカニブンノイチ〉や〈BIOTOP NURSERIES〉などで購入しています。それと、埼玉のホームセンター〈ナフコ〉も立派なものが安くて熱い！ 壁に飾ったアートは、友人でもある絵描きのyukartさんの作品と、韓国の骨董街で見つけたオブジェ。光がキレイに入るリネンのカーテンは、〈HOME DECOR〉です。

エアコンはダイニングに一台だけ。白い木の格子をカバーにして、目隠ししています。天井から吊るした灯りは、鑞崎マコトさんのランプシェードを２つ。壁には、写真家のWOLF GANG PORTERがパリで撮った風景を、A1サイズのホワイトグレーの額縁で飾っています。窓にも観葉植物や、〈3RD CERAMICS〉の磁器の風鈴を吊るして、私好みのダイニングに。

ダイニングテーブルは、「8人は座りたい」と、この空間がわかる写真を一緒に送ってオーダー。〈SHARE WOODS.〉の山崎正夫さんに素敵に仕上げていただきました。使うほど飴色に育っていくホワイトオークのオイルフィニッシュ仕上げで、1000×2000㎝の巨大サイズ。脚も、天板と同じ素材の馬脚タイプです。何年も使い続けていきたいなと思う、大好きなテーブルです。

[CHAIR]

椅子はあえて バラバラです

3. **ヴィンテージの**
アーコールチェア

2. **ヴィンテージの**
アーコールチェア

1. **〈FRITZ HANSEN〉の**
アリンコチェア

7. **〈ROCKSTONE〉の**
ウィーンアームチェア

6. **〈Galvanitas〉の**
Model S.16

5. **〈Galvanitas〉の**
Model S.16

4. **〈Marcel Breuer〉の**
チェスカチェア

1.ミニマルで、とにかく座り心地がいい！　肘掛けがないから、キッチンとの行き来もぱっとできる、私の特等席です。 **2&3.**以前の家から持ってきた椅子で、〈SHARE WOODS.〉でメンテナンスしたヴィンテージ品を購入しました。1脚は肉父さんが座った瞬間に壊れるという事件も乗り越え（笑）、今も現役です。 **4.**インテリアとして、絶対にほしかった。鉄パイプの無骨な雰囲気と、座面のラタン素材のナチュラルな印象のバランスが気に入っています。 **5&6.**オランダの老舗工業デザインメーカーのイスは、V字になった脚がシャープでスタイリッシュ。ブラウン×ブラック、ブラウン×セメントグレイ、どちらの色も好きで両色買いました。 **7.**ゆったり柔らかな印象の見た目が好み。豊富なファブリックから自分好みの素材を選べるので特別感があります。私はドゥクという素材のオフホワイトにしました。

PANTRY

木の節までこだわって選んだ倉庫のようなパントリー

キッチンのすぐ横に作ったパントリー。イメージ写真と一緒に「棚は5段」「一目瞭然にしたい」「無印良品の収納グッズを使う」と工務店さんにオーダーしました。壁と天井は、木の節までも見て選んだベニヤ板。あえて裏面を使うようにお願いしました。入り口はドアを作らず、カーテンでラフに間仕切りしたので、出入りがしやすいのもポイントです。

［PANTRY CORNER］

パントリーの収納、すべて見せます

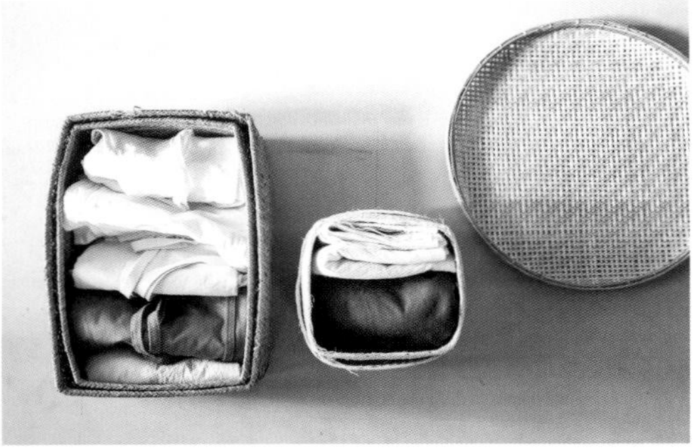

1段目

左から、〈pejite 青山〉のカゴには、季節や料理のテーマで変えているエプロン。〈KOHORO 淀屋橋〉のカゴにはテーブルクロス。タイで買った丸いザルは、梅仕事や野菜を干すときに使う予定です。

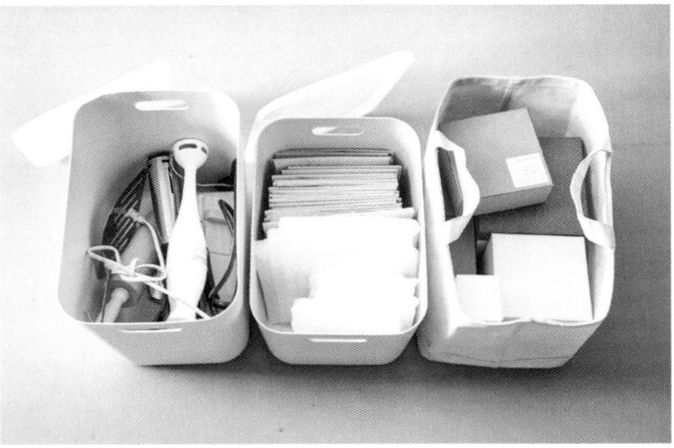

2段目

〈無印良品〉の収納ケースに、調理家電、プチプチや小箱などのクラフトグッズを。クラフトグッズは、フリマをするときや、息子の学校で急に必要になることも。意外と役立つストックです。

1
2

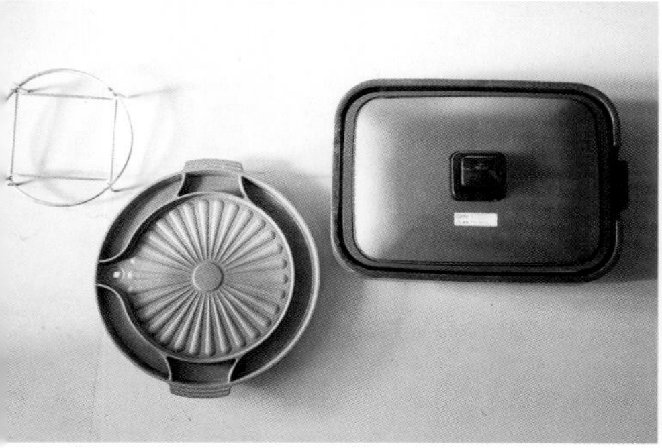

どちらも〈Amazon〉で購入したホットプレート。長方形のものは、主に家族焼肉で活躍中。丸型は、6000円くらいのサムギョプサル専用です（P.119参照）。韓国料理の日には欠かせません。

パントリーの一角を神棚のようにしてみました。お守りは、年に一度お詣りする伊勢神宮と寒川神社の物です。

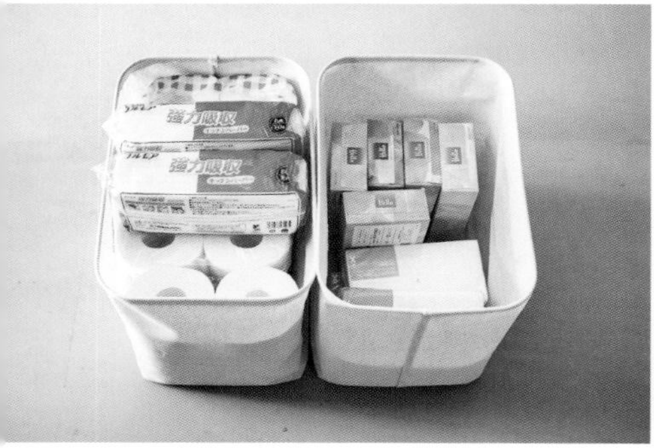

消費量がすごいので、ティッシュペーパー、トイレットペーパー、キッチンペーパーなどはまとめ買い。〈無印良品〉のソフトボックスへ入れて、出し入れしやすいように、入り口付近に置いています。

左は、卓上ガスコンロとカセットボンベのストックを。真ん中はコーヒーメーカー。右の〈無印良品〉のカゴには、私と夏太郎のお菓子がたっぷり。〈リッツ〉のチョコサンドやお煎餅が好き。

3 段目

たまに食べる乾麺、〈Ziploc〉などのジッパー付き袋やラップなど。このバッグみたいな持ち手の〈無印良品〉の布製収納が、取り出しやすくて便利です（※現在は廃盤）。

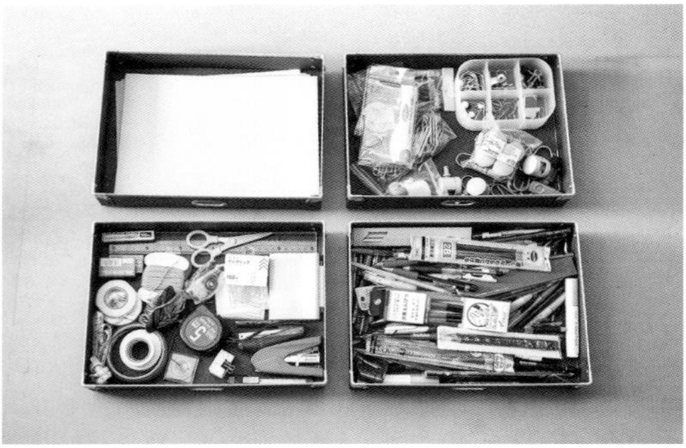

4 段目

A4サイズも入り、丈夫な〈無印良品〉の紙素材収納には、ペン、クリップ、工具とジャンル分け。息子の文具も入っているので、ここから自由に持ち出してお絵描きなどをしています。

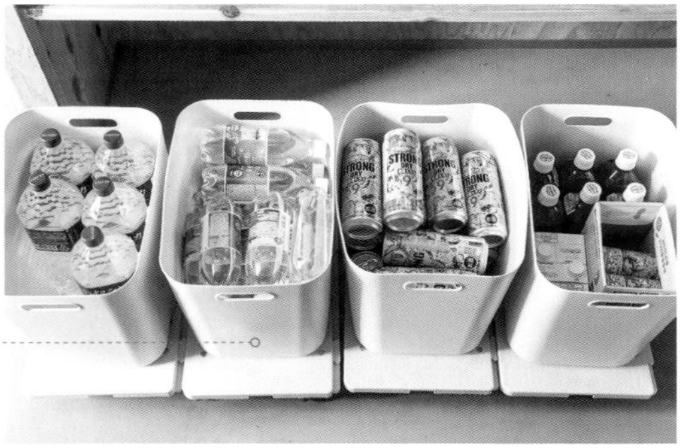

5 段目

水、炭酸水、肉父さんの晩酌など、重量がある飲料はいちばん下にストック。丈夫な〈無印良品〉のポリエチレンケースと平台車を組み合わせ、それぞれで引き出せるようにしています。

3
4
5

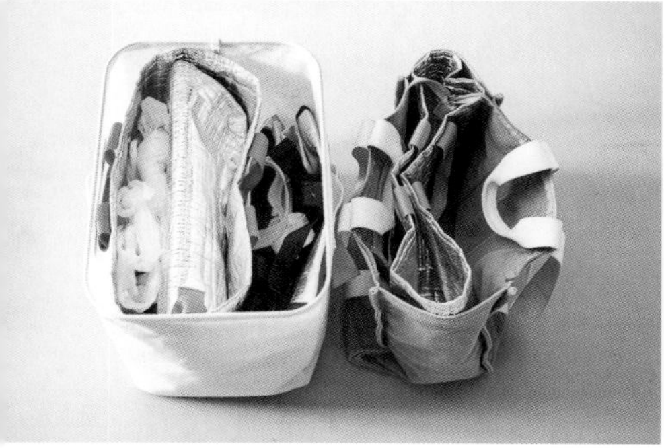

入り口から手が届きやすい場所の〈無印良品〉の収納には、買い物用のエコバッグやレジ袋を。右は大容量で買い物時に大活躍する、〈Dish（es）〉の保冷バッグ付きトートバッグ。

りんご箱で仕切り、〈無印良品〉のワイヤーバスケットに、缶詰、調味料を。クエン酸不使用の〈創健社〉有機ホールトマト、サバの水煮、オイル不使用のツナはまとめ買いしています。

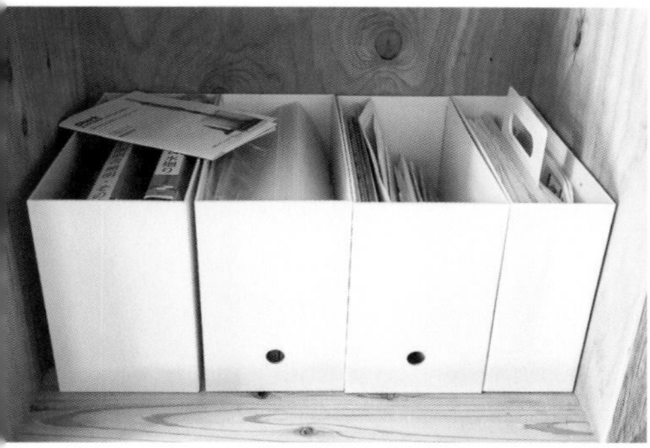

家電の取扱説明書や学校の書類など、ときどき見返す大事な書類は〈無印良品〉のA4用ファイルボックスへ。それぞれクリアファイルに入れて、ジャンルごとに仕分けています。

暮らしながら、家をアップデートしていくのが理想。パントリーにも余白を作り、収納場所も決めすぎないようにしています。〈無印良品〉のラタンボックスは小洒落て見えるところが好き。

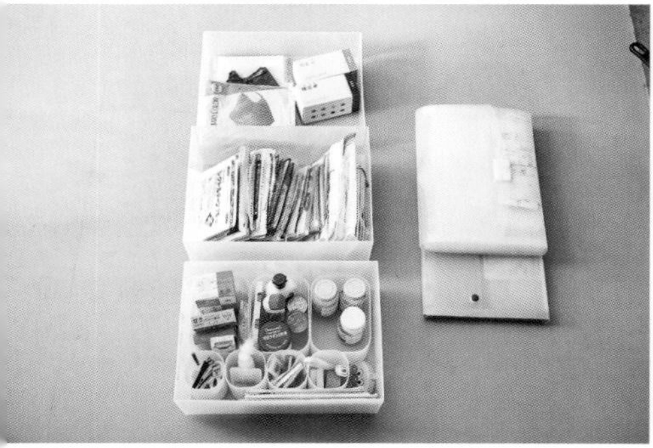

〈無印良品〉の収納グッズを組み合わせて、お薬、シップ、マスクなど、ヘルスケアアイテムをまとめています。右の〈無印良品〉のケースには、細かな書類をまとめて収納。

以前住んでいた家から愛用している、重い物の移動用の〈無印良品〉の平台車。単体でもつなげても使えます。重さがある物の引き出しはもちろん、お掃除をするときもラクです。

[PANTRY CORNER]

5段棚の目の前にも、ちょっとした棚を

左：5段あるパントリーの前にも収納棚を作りました。ここは棚板の位置を変えたり増やしたりできるタイプ。棚の角が危なくないように、自分で丸くカットしようかな？ と考えているところです。

下左：シルバーの〈Costco〉のごみ箱はペットボトル用。〈無印良品〉の収納ボックスにはキッチンに収まりきらなかった乾物を入れています。
下右：お酒と一緒に置いた空の保存瓶には、梅干しやピクルスを漬けてストックしたいと待機中。

HERS
tetsujin slim

UTILITY ROOM

パントリー内に作った
私の家事室

家のどこかに私の〝おこもり部屋〟がほしくて、パントリーの一角にカウンターデスクを造作しました。キッチンとの間のカーテンを閉めれば、ひとりの空間に。息子が寝た後、〈toolbox〉で購入した吊るしランプに照らされながら、ここで晩酌するのが至福の時間です。北向きなので寒いかな？ と心配でしたが、壁一面ベニヤ板だからか、温かみがあって居心地もいいんです。

足元に置いたのは、〈楽天〉で購入した2個セットのりんご箱を3つ。毎月購入している雑誌や料理本や、使用頻度の少ない鍋やフライパンを収納しています。りんご箱はランクがいちばん低いもののほうが、味わいがあって好きです。ベニヤ板にも馴染みました。

ここでは仕事もするので、文房具や細かい雑貨などは、下諏訪の〈ReBuilding Center JAPAN〉で購入した引き出しに入れています。床置きしたアートは、yukartさんに、肉父さんと息子のオーラを描いてもらった世界にひとつだけの作品。

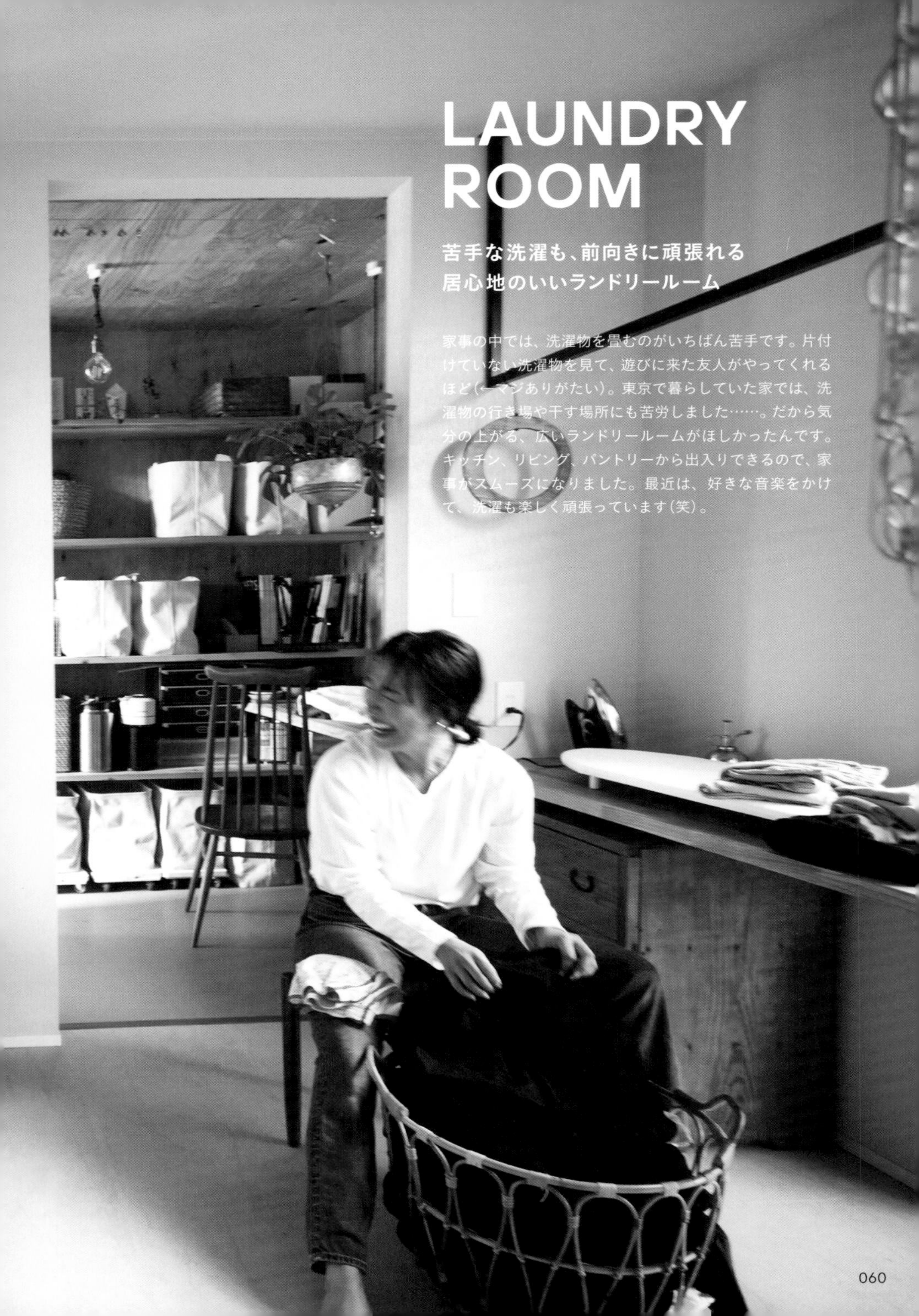

LAUNDRY ROOM

苦手な洗濯も、前向きに頑張れる居心地のいいランドリールーム

家事の中では、洗濯物を畳むのがいちばん苦手です。片付けていない洗濯物を見て、遊びに来た友人がやってくれるほど(←マジありがたい)。東京で暮らしていた家では、洗濯物の行き場や干す場所にも苦労しました……。だから気分の上がる、広いランドリールームがほしかったんです。キッチン、リビング、パントリーから出入りできるので、家事がスムーズになりました。最近は、好きな音楽をかけて、洗濯も楽しく頑張っています(笑)。

061　takes.のトップス、Shinzoneのデニムパンツ

洗濯機・乾燥機

上：カウンターテーブルの下に合う高さで探したタンスは〈pejite 益子〉で購入。中には、息子の衣類を入れています。自分で取り出しやすいように、〈無印良品〉の収納ケースでゆったり間仕切りを。

右：〈リンナイ〉のガス乾燥機・乾太くん9kgは、便利すぎて「乾太さん」と呼ばせていただいてます。〈Panasonic〉の洗濯機で洗い、乾燥機へ。シワもあまり気にならず、毎日の洗濯がラクに。棚は造作しました。

右：横幅260×高さ75×奥行き50㎝のカウンターテーブルは、アイロンがけ、洗濯物畳み、毛玉取りなどの作業スペース。足元まで縦に大きくとった窓からブラインド越しに見えるゆずの木を眺めつつ、作業しています。ランドリールームは北向きだけど、この窓と換気扇が付いているからか、湿気も気になりません。

上：シンプルな〈Panasonic〉のドライアイロンは、軽くて作業が楽しい！　〈山崎実業〉の卓上舟型脚付きアイロン台、〈ハッカニブンノイチ〉でお花用に買った霧吹きを使って、まとめてアイロンをかけています。

アイアンの物干しには、洗濯物やお客様の上着をかけます。その右の棚には、クリーニングに出す衣類をまとめて置いたり。引き出しには、お掃除グッズや毛玉取り機など衣類ケア用品を収納。この一角の収納グッズはすべて〈無印良品〉です。

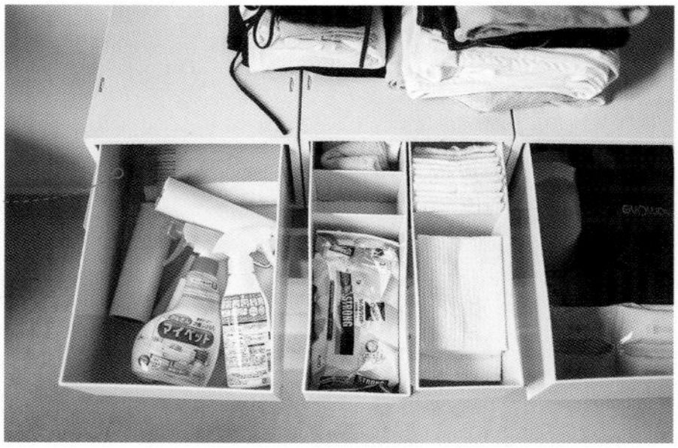

POWDER ROOM

持ち物をミニマムにするため
収納は必要最小限の洗面所

ランドリールームからひと続きになっていて、洗濯物の行き来もラクな洗面所。玄関から家に入ってすぐの所にあるので、さっと手洗いもできます。この部屋の参考にしたのはPinterest。最初は一面白の壁紙にしていたのですが、暮らすうちに鏡下へ飛ぶ水が気になり始め、後から〈名古屋モザイク工業〉のHida-Sという白のタイルを貼ってもらいました。

使うほどに味わいが増していく木の洗面台には、毎日使う基礎化粧品は出しっぱなし。鏡の横には〈BIOTOP NURSERIES〉の観葉植物。洗面ボウルは〈サンワカンパニー〉でひと目惚れした円形です。

引き出し（左側）

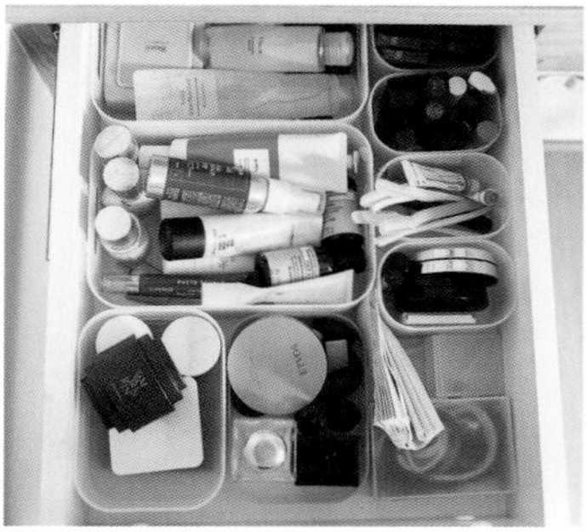

引き出し（右側）

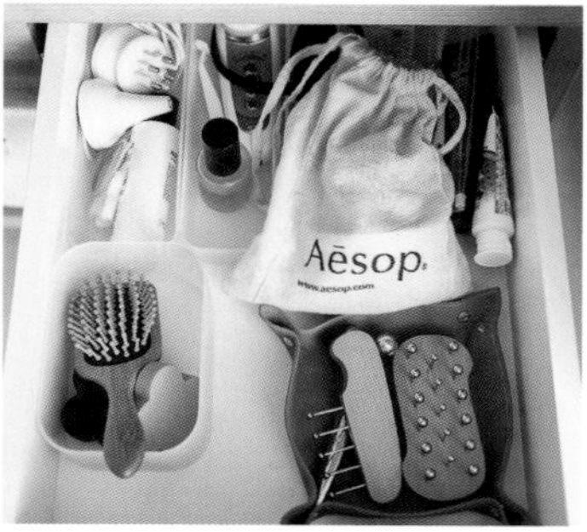

左にメイク道具とフェイスケア用品。右に、頭とボディケア用品。〈無印良品〉のトレイでジャンル分けしています。大好きな青山の中華〈ふーみん〉のオーナーシェフに「頭をほぐすとよい」と聞いてから、〈uka〉の剣山でヘッドマッサージしています。〈BELEGA〉の美顔器と〈SALONIA〉のリフトブラシも愛用中。

洗面台の下の収納

〈無印良品〉の「ポリエステル麻 ソフトボックス 長方形 中」は高さが26㎝あり、ボトルも縦で入ります。ヘアオイルやスプレー、シャンプーやボディーソープ、パックなど家族で使うものを分類。棚の真ん中に排水管があって、ケースがうまく収納できず……縦向きと横向きにして、入れ込んでます。

［POWDER ROOM］

洗面台の前にはタオルや下着類を

上：ラックも収納グッズも〈無印良品〉。上から1段目：浅型のラタンボックスに、ドライヤーとコテ、綿棒やコットンのストック、余白スペース。 2段目：布製ボックスにパジャマ。バスタオルは畳んで収納。 3段目：ハンドタオル。4段目：大人用の靴下とバスマット。 5段目：大人用の下着。 いちばん下には、クレンザーや洗剤のストック。ワイヤーの洗濯カゴは〈ニトリ〉です。

右：毎日触れるタオルは、3つの国産ブランドでそろえています。ふわふわで心地いい、今治タオルの〈OLSIA〉。吸水力抜群の〈LANDHAUS〉。アートのような柄も好みで、ブランケットとしても使える〈MYTONE〉。

手洗い場の横には、消臭除菌スプレー〈NIOCAN〉、韓国で買ったハンドソープとハンドクリームを常備して、誰もが自由に使えるように。身だしなみをチェックできる鏡も置いています。タオルは〈OLSIA〉。

TOILET

広くて掃除がしやすい。
ゲストのことを考えたトイレ

白壁と木の棚で作った温かみのある空間に、キッチンでも使っている〈Hi-Ceramics〉の黒系タイルを敷いて、引き締めました。他の部屋と同じように、額縁に入れたアートを飾ったり、お香を焚いたりして居心地のよさを意識しています。トイレは広く作った分、拭き掃除をするときの「便座が体に触れる」というプチストレスがなくなって(笑)、毎日の掃除が、気持ちよくできるようになりました。

上：空間を明るくするため、ときどき入れ替えながらアートも飾っています。 下：下北沢のワインストア＆バー〈Però〉が扱うお香を、毎朝1本焚くのがルーティン。お香置きは、竹村良訓さん×〈DAMDAM〉コラボのもの。木曽の古道具屋さんでもらった古材にのせています。

左：シンプルさを重視した便座は〈INAX〉のもの。〈TOTO〉のペーパーホルダーは、指紋が目立たないマットなシルバーをセレクト。

BATH ROOM

高級旅館にヒントをもらった
十和田石で造作したお風呂

グリーンブルーの石を贅沢に使った〈星野温泉 トンボの湯〉に入ったときに、お風呂はこれだ！ と確信。天井以外は十和田石で造作してもらいました。正直かなり予算オーバー（笑）。でも湿気を吸収してカビにくく、お風呂の時間がもっと豊かになりました。朝風呂好きな息子も、私の友人が遊びに来たときに「お風呂が広いんだぞ〜」と言って、喜んでいます。

棚は作らず、シンプルに。掃除をしやすくしました

もともと暗めのお風呂が好きなので、北向きに作ってよかったなと感じています。バスタブは角ばったシンプルなものを探し、〈INAX〉に。74×148㎝と広いうえに、座れる段差もあって心地よいので、つい長湯してしまうことも(笑)。シャワーは〈TOTO〉のものです。お風呂のついでに掃除しやすいようシャンプーや石けん類を置く棚は作らず、基本的にはボトルを直置きに。

お湯に入れています

マグネシウム不足対策として、体の外側からもケアできたらと、お湯の中に〈エプソムソルト〉のsea crystalsを入れています。汗が出て、体がポカポカ!

ENTRANCE

とにかく明るく!
アートと観葉植物が迎える玄関

前の家は玄関が暗かったので、明るさを大切に。ひび割れたコンクリートの土間、植物の置けるカウンター、シューズクローゼット、玉砂利のアプローチなど、理想を詰め込みました。玄関を入ってすぐ右手に明かりとりの窓を付けたので、ドアを閉めていても自然光が入ります。理想的な、明るい玄関になりました!

右：玄関ドアは木製風の〈YKK〉のヴェナートD30という親子ドアです。毎朝の玄関掃除に使う竹ぼうきは、お義母さんから譲ってもらったもの。玄関外に置いた木は、ロシアンオリーブです。

蚊取り線香を吊るして

天気のよい日は親子ドアの小さな扉を開けて、空気のめぐりをよくするのが好きです。ただ、夏場は蚊が多いので、友人からもらった蚊取り線香が大活躍。

玄関の正面には、千田耀子さんの作品と、韓国の〈イイエハ〉で買った鉄製アートを組み合わせて飾っています。その下には、〈pejite 益子〉のアイアン台に、〈Modern Loft〉で買った白い鉢をのせてお香立てに。中に砂を入れた〈無印良品〉のガラス瓶を忍ばせています。向かって右手にあるシューズクローゼットの入り口には、頂き物の木製ベルを。「家を出るときにキレイな音を聞くといい」と言われた肉父さんが、毎朝必ず鳴らしてます(笑)。

集めた石を飾って

玄関を入って左手には、棚型の郵便受けを。木製カウンターにはCy Twomblyのポスター、モンステラなどの観葉植物を飾っています。床には、虫対策グッズやお掃除道具など、庭と玄関で使う物をまとめています。ちなみに、玄関はいい香りに包まれてみんなをお迎えしたいので、サンダルウッドのお香を焚いています。旅先で集めた石を一緒に飾って。

左：玄関右手の明かりとりの窓の前には、目黒にある〈Tokyo Garden〉で買った大きな花器を傘立てに。千田耀子さんのほうきとハタキをかけたT字の黒い傘立ては、〈Amazon〉で購入しました。

左ページ／Petit BateauのTシャツ、RED CARDTOKYO のデニムパンツ、TKEESのビーチサンダル

[SHOES CLOSET] 玄関の奥には、便利なシューズクローゼット

とにかく靴が多いので「棚がたくさんほしい」とリクエスト。一段ごとの高さも変えられるので、家族ごとに収納しています。白にしたのは広く見えるように。靴の他に、スーツケース、〈無印良品〉のボックスにキャンプ用品、自転車の空気入れなども。シューズクローゼットのおかげで靴を出しっぱなしにしなくなり、玄関がすっきりしました。

WALK-IN CLOSET

コーディネートも組みやすい 4.5畳の衣装部屋

〝パッと探せてすぐ手に取れる〟をテーマにしたウォークインクローゼット。服を畳むのが苦手なこともあり、基本的にはハンガーにかける収納で、衣替えも最小限に済むように。コーディネートを組む仕事も多いので、お気に入りのラグを敷いたり、木製アクセサリーショーケースや鏡を置いたりと、お店のようにワクワクと選びながら作業できる空間作りを目指しています。

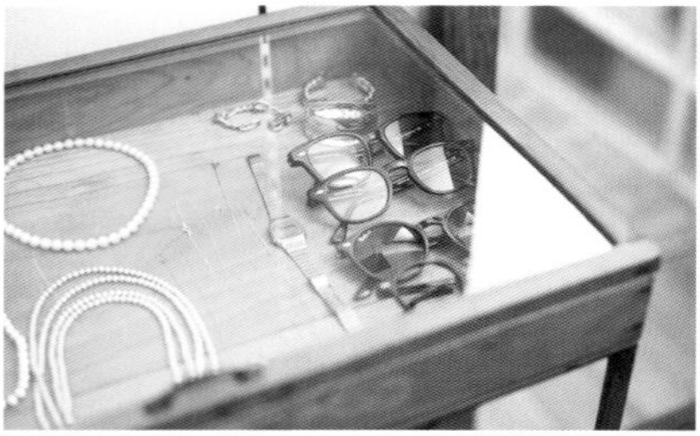

上：アクセサリー類は、古材とアイアンを組み合わせた〈pejite 益子〉オリジナルのケースにまとめています。その横の姿見は、古材フレームを使った〈a.depeche〉のもの。
下：ミニバッグ類は、〈無印良品〉の布製ボックス2つへ。ポンポン入れられて、すっきり！

右：キャップを並べている場所には、もともとTシャツを畳んで置いていました。が……やっぱり畳むのは苦手で、続かなかったんですよね（笑）。でもデニムパンツならOKという、自分の性格に合った使い方ができているコーナー。デニムは色ごとに分けています。

左ページ／AURALEEのワンピース

古着屋さんの試着室をイメージして、床に〈グランピエ〉のラグを敷きました。ハンガーは、細身でかけやすい〈MAWA〉で統一。レザー素材のバッグやカゴバッグは、棚に並べて。〈無印良品〉の衣装ケースには、スウェットやカットソーなど、畳んでもシワになりにくいものを分けて収納しています。

GARDEN

四季折々の楽しみがある
全面芝生の庭

ミモザ、ユーカリ、サルスベリ、レモン、モミジなど。もとからある木も生かしつつ天然芝を植えた庭は、外ごはんにプール、テントを張ってと、一年中楽しめる我が家の遊び場。義両親の倉庫に眠っていた古家具のベンチや島台も手入れして、庭を盛り上げています。お隣さんとの間には木の壁を作って、グレーがかったペンキを塗ってもらい、少し古びた印象に。庭の設計や植木のセレクトは、〈ひとつむぎ〉さんにお願いしました。

●ひとつむぎ Instagram@hitotsumugi_green

春／夏

ウッドデッキに〈MYTONE〉のバスタオルを敷いておき、室内へ入りたいときはこの上で濡れた体を拭けばOK。出入りもスムーズにできます。

プールの後は

秋／冬

上：暑い日はプールの出番。空気を入れる必要がなく準備も片付けもラクなんです。大人はウッドデッキに置いた〈ニトリ〉の白い折り畳み椅子と、友人からもらったカーキの椅子でのんびり♡　ちなみにウッドデッキには、〈D&DEPARTMENT〉のサンボックスで食べられるハーブを植えています。

左：気候がいい時季は、炭火を起こしてごはんを作ったり、テントを張ったりして遊びます。虫はめちゃくちゃいるけれど（笑）、家の前で自然を感じられるのは嬉しい！　天然芝なので、アプリで管理できる芝刈りロボット〈Automower〉が、一年中活躍しています。

左ページ／UNIQLO UのTシャツ、MIESROHEのパンツ、OOFOSのサンダル

[GARDEN]

庭先にはお義母さんの自家菜園があります

左：畑があるのは、庭のすぐ奥。毎日ザルとキッチンバサミを持って出て、その日に使う分だけ収穫します。夏場はとくに、自給自足できるほどたくさん採れるんです。

下：義両親の畑では、お義母さんが中心となって野菜を育てています。私も一緒に、近所の園芸屋さんへ苗を選びに行ったりも。春は玉ねぎやキャベツ、夏はナス、ピーマン、キュウリ、万願寺とうがらし。秋冬はセニョールスティック、大根、ねぎ、カリフラワーなど。新鮮な野菜が食べられて最高！ちなみに奥にいる猫は、義両親の家で暮らすニャン太郎です♡

6〈ROKU〉のタンクトップ、〈Family Mart〉のトランクス

BED ROOM

潔く“寝る部屋”と決めて
シンプルに作った寝室

2Fにある家族の寝室は、予算を必要以上にかけないためにも、クローゼットなどの収納を作りませんでした。土地にもともとあった木々の眺めを生かしたくて、南と西の2方向に大きな窓と、北にも小窓を付けました。前の家から持ってきた〈PACIFIC FURNITURE SERVICE〉のシングルベッドを並べて、3人で寝ています。

春／夏

〈ニトリ〉の枕と〈PACIFIC FURNITURE SERVICE〉のマットレスには、肌触りがよい〈TRUECOTTON〉のリネンのカバーを。寝汗が気になる夏場は、洗い替えに便利な〈無印良品〉のシーツや〈ニトリ〉の薄布団も活躍しています。夏はパジャマではなく、〈Family Mart〉のトランクス派です。

秋／冬

夏と同じ枕、〈西川〉の羽毛布団に、〈TEKLA〉のリネンカバーをかけています。ベッドの横も模様替え。色などカスタマイズできる〈USM〉のサイドテーブルに、〈ANGLEPOISE〉のランプ、梶ヶ谷の〈BULLPEN SHOP〉で買ったティッシュケースをのせて。息子が寝たら本を読みたい……けどすぐ寝落ちしちゃう(笑)。

左：お隣さんの木が見える西の窓は、あえてカーテンなし。眩しくて目が覚めることもあるほどで、エバーフレッシュの水やりが欠かせません。〈pejite 益子〉の花台には〈無印良品〉の加湿器を。窓辺のワインボトルには、グリーンと加湿器用のお水を常備しています。

上：室内からもグリーンが見え、程よく日差しを遮れるように、バルコニーにはアカシアやオリーブなどを置いています。床板は〈toolbox〉で選び、肉父さんに作ってもらいました。

[STORAGE] ときどき使うものの収納スペース

階段は手すりも超シンプル

お金をかけるところとかけないところのメリハリは大事にしました。中でも予算をあまりかけなかったのは、階段。手すりは折り返し部分にハマるものがなかったので、縦型のシンプルなものにしました。

寝室の隣に、来客用布団やシーズンもの、肉父さんのスーツなどをしまう小部屋があります。布団は〈無印良品〉の「ポリエステル麻ソフトボックス衣装ケース大」がしまいやすい！

料理のこと。

about Cooking.

趣味は、おもてなし料理です

　私が使う器は、ほとんどが作家さんのものです。集めるきっかけは、代々木上原にある器ギャラリー〈AELU〉ディレクターの真子さん。器の特徴はもちろん、作家さんの魅力、クスッと笑える話まで教えてくれました。まるで作家さんに会ったような気持ちで購入できるんです。そしてちょうどその頃、たまたま出会ったアパレルブランド〈Abel〉のディレクターの原田沙奈子さんに、自宅でのごはん会に招かれました。作家さんの器に愛情がこもった料理。そのときのおもてなしに感動！　「もっと自分なりの料理を楽しもう」と気付かされた瞬間でした。その道のプロや信頼できる方に相談することは、自分の中になかった考えが広がるので、いつも大切にしています。

　普段のごはんは、洗い物を減らしたいので何品も作りません。キッチンペーパーをパン皿代わりにすることだってある。だけど、おもてなし料理のことになると、居心地よくゲストをどう楽しませよう？　ヒントがほしいから外食しようかな？　と四六時中考え、追求している自分がいるんです。だから自然と部屋もキレイに保てているのかも。今度から、「おもてなし勉強家です！」、な〜んて名乗っちゃおうかな（笑）。

MY OMOTENASHI RULE

おもてなし料理のポイント

おもてなし料理をたくさん作ってきて、失敗もする中で生まれた
私なりのルールです。よければ参考にして、楽しみながらお料理しましょ！

1

POINT

おもてなし料理は下準備が9割

品数が多いときは、前日までの下準備が大事。食材は刻む、調味料は合わせる、一品ごとに材料をバットにまとめる。それだけで当日慌てません。これはいつも行く中華料理屋さんの厨房を見ていて、手早く仕上げる中華は下準備を徹底している！ と気付き、即参考にしました。

POINT

市販の出汁パックや水出汁に頼るのもあり！

和食ではとくに美味しい出汁がポイント。とはいえ毎回出汁をひくのは大変だから、市販品も頼りに。中でも、安心して使える〈茅乃舎だし〉は、そのまま煮出してもいいし、袋を破って中身ごと使うこともあります。それと、水出汁もあると便利。前日から、ボトルに昆布1枚と出汁パックひとつを浸しておけば、翌日にはできあがります。ボトルは〈無印良品〉です。

2

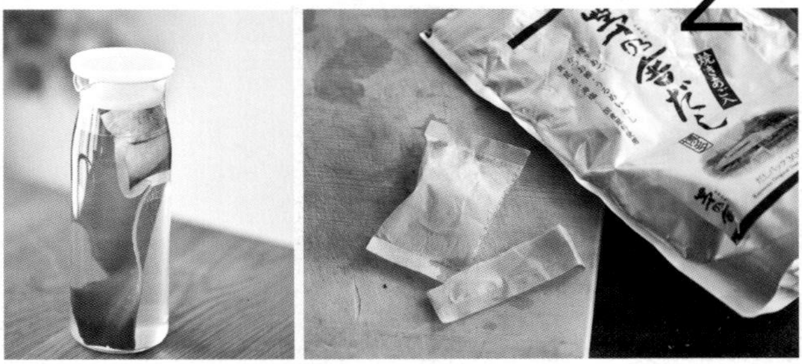

3

POINT

料理を作る前に
テーブルに必ず器を並べる

料理は、器の合わせ方や並べ方次第で、目でも楽しめる！　服と一緒で、メリハリや色のバランスが大事です。だから、まずはテーブルに器を並べ、同時にどれにどの料理を入れるかを決めています。ちなみに、付箋にメニューを書いて貼っておくと、早く来た友達に盛り付けをお願いできて、準備も一緒に楽しめますよ。

POINT

にんにくをふんだんに
使って美味しく元気に！

にんにくを使うと味に深みが出ますし、なにより私が好きだから、おもてなし料理にも多めです。普段、青森のにんにくを購入していますが、やっぱり国産は香りがいい。薄皮は残してバラし、〈KINTO〉のガラスケースや小箱で冷蔵庫の野菜室に常備しています。

4

POINT

台所はさっと
こまめに片付ける

5

お客様が来たときに、台所が汚れていたり洗い物でシンクがいっぱい……なんてことは、そわそわと落ち着かないし、楽しさ半減。だから、料理中もフライパンを洗ったり、キッチンの水飛びを拭いたりしてささっと片付けます。あとは自分も飲んで楽しむ!! 後から出た洗い物はゲストに「頼る」もアリ（笑）。

（春）
Spring

大人も子供も盛り上がる、鉄板ごはん

暖かくなってきた春。
一緒にやってきた子供たちは、庭遊びに夢中。
その間、しお唐揚げを片手にワインとビールで乾杯！
冷めてもとろっと美味しい麻婆豆腐は、
辛くないので子供にも人気の一品です。
途中で、湯気のたつせいろをそのままテーブルへ出し、
蒸した魚にジュ〜ッとごま油をかけるのが
本日のメインパフォーマンス。
「わ〜！」と驚くみんなの顔を見たら、
またお酒もすすんじゃう♡

menu

しお唐揚げ
たたき海老のマメロニスープ
蒸し魚の熱々ごま油かけ
辛くない麻婆豆腐
カブと春菊の簡単サラダ
にんにくが主役のピーマン炒め

with

ナチュラルワイン
（アントニオ・ジスモンディ フォレスタ/オレンジ、
カルカリウス ヌリトロ ビアンコ プーリア/オレンジ）

ホワイトビール
（ヒューガルデン）

ブルー系の骨董の器を使い、グレーやホワイトでまとめた春の食卓。メイン料理はまっすぐ並べず、テーブル上から見てジグザグさせると、バランスよくまとまります。取り皿にしたグレーの器は小林徹也さん、黒は小野象平さんのものです。小振りのワイングラスは、コロッセオ ステム ウォーター

しお唐揚げ

【 材料 】4-5人分

皮付きの鶏もも肉…600g

A | 塩…6つまみ（肉に対して1%）
紹興酒…大さじ3
すりおろしにんにく…小さじ1
すりおろし生姜…大さじ1
長ねぎの青い部分…適量をカット

片栗粉…大さじ3

米粉…大さじ3

揚げ油(米油)…適量

レモン…1/2個

唐揚げは必ず鶏皮で包んで揚げること。それだけで表面はパリッ、中はジューシーに！　皮無し鶏肉のときは、別で皮だけを買って作るほどのこだわりです。揚げ油はいつも、酸化に強い米油を使ってます。

❶ 鶏肉は少し大きめにカットする。ボウルにAを合わせ、鶏肉を入れて手でしっかり揉み込み（写真a）、30分間冷蔵庫でなじませる。片栗粉と米粉も入れて、さらに揉み込む。

❷ 鶏肉は皮で包むように丸め(写真b)、170度に熱したたっぷりの油に、皮の閉じめが下になるように入れて3分ほど揚げる。一度取り出して2〜3分置き、予熱で火を通す。

❸ 180度に温度を上げた油に、再度鶏肉を入れて1〜2分揚げる。輪切りのレモンを添えて完成。

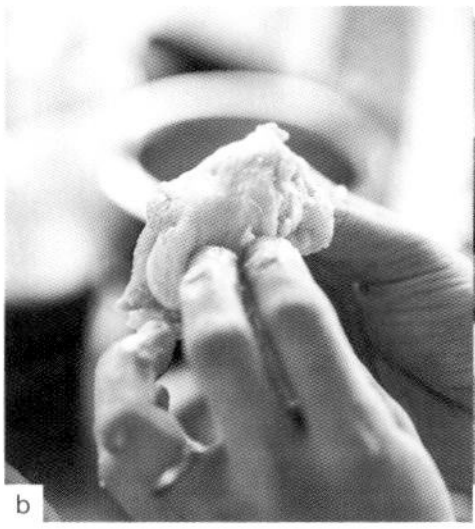
b

a

小林徹也さんの器、金網つじの手編み丸盛り網 銅(大)

たたき海老のマメロニスープ

【 材料 】4-5人分
むき海老…200g
ZENBマメロニ(マカロニでも可)…70g
ごま油…大さじ1
にんにく…2かけ
水…400ml
めんつゆ…大さじ1
牛乳(豆乳でも可)…400ml
味噌…大さじ2
水菜・アーモンド…お好みで

❶ にんにくは包丁の腹でしっかりなめらかに潰しておく。海老は包丁の背で軽くたたく。
❷ 鍋にごま油を入れ、弱火でにんにくにゆっくり火を通す。水を入れて沸騰させたら、マメロニを規定の時間でゆでる。
❸ 海老とめんつゆを加え、海老に火が通ったら火を一度止めて、味噌をとく（写真右）。
❹ 牛乳を加え、沸騰しないようにひと煮立ちさせる。仕上げに水菜を添え、軽く砕いたアーモンドを散らす。

にんにくは刻まずに潰して、舌触りよく。海老はスープがより絡むよう、ちょっとたたきます。仕上げに、くるみやラー油を加えるのもおすすめ。マカロニでも作れますが、私はグルテンフリーのZENBマメロニで作るのが好みです。

 下村淳さんの器、公長齋小菅のおたま、山一の鍋

せいろで作る

蒸し魚の熱々ごま油かけ

【 材料 】4人分

タラ…２切れ(お好みの白身魚でOK)
紹興酒…小さじ1
万能ねぎ…2本
みょうが…1個
ごま油…大さじ2

● 合わせ醤油
お好みの醤油と出汁醤油を、
事前に混ぜておく(各小さじ１)。

❶ 鍋の水(分量外)が沸騰した状態のせいろに、タラをのせた器ごと入れる。上から紹興酒を回しかけ、5〜6分蒸して香りを出す。
❷ 魚が蒸しあがったら、斜め薄切りにした万能ねぎとみょうがをたっぷりのせ、合わせ醤油をその上からかける。
❸ 仕上げに、フライパンで熱したごま油をジュッとかける。

せいろのまま食卓に出して、お客様の前でジュッとごま油をかけると盛り上がりますよ(火傷注意！)。合わせ醤油は、〈ヤマサ丸大豆しょうゆ〉と〈KAMADAだし醤油〉を使っています。

山一の鍋付き和せいろ、Kotto Shopの骨董器(江戸時代の染付なます皿)

辛くない麻婆豆腐

【 材料 】4-5人分

牛薄切り肉(ひき肉でも可)…200g
長ねぎの白い部分…1/2本
にんにく…1かけ(約10g)
生姜…1かけ(約10g)
ニラ…2株
絹豆腐…400g
ごま油…大さじ1
クミンシード…小さじ1/2
水溶き片栗粉…片栗粉大さじ1を同量の水で混ぜる
花椒(ホワジャオ)…小さじ1/4
Dish(es)のミックスハーブ(無くても可)…小さじ1/4

A
水…200ml
鶏がらスープの素…小さじ2
味噌…大さじ1
みりん…大さじ1
濃口醤油…大さじ1
オイスターソース…小さじ1

子供にも人気の一品。私は、なめらかな信州味噌を使うのが好みです。にんにくを炒めているときにパプリカパウダーを入れると、赤くなり、本格的な見た目になりますよ。

❶ ねぎ・にんにく・生姜はみじん切り、ニラは1㎝幅に切る。牛肉は、ミンチ状になるまで細かく切る。
❷ Aをカップに合わせておく。
❸ 塩を加えて沸騰させたお湯(分量外)で、さいの目切りにした豆腐を2分ほどゆで、優しくざるにあげて水分を切る(もしくはキッチンペーパーで包み、レンジで10分ほど)。
❹ フライパンにごま油をひき、中火でクミンシードをほんのり色付くまで炒める。にんにく・生姜も加えて香りが出たら、ねぎも炒める。
❺ 牛肉も炒めて色が変わったら、Aを一気に入れてひと煮立ちさせる(写真左)。豆腐、ニラを加え、水溶き片栗粉を回し入れて中火で2〜3分煮る。仕上げに花椒、ミックスハーブを入れて軽く混ぜ合わせる。

Kotto Shopの骨董器(江戸時代の染付八角鉢)

【 材料 】4-5人分

カブ…2個
塩…ふたつまみ
春菊…1束
レモン…1/4個
ごま油…小さじ1

❶ カブは皮を剥いて薄いいちょう切りにし、ボウルに入れて塩をなじませてしんなりさせてから水をしっかり切る。
❷ 春菊は3㎝にざっくりと切る。
❸ 食べる直前に、春菊と①のカブを合わせ、レモン汁、ごま油で和える。お好みで塩を足してもOK。

カブと春菊の簡単サラダ

【 材料 】4-5人分

にんにく… 1玉
コリアンダーシード
…小さじ1/2(無くても可)
ピーマン…6個
油…大さじ2
塩…ひとつまみ
水…大さじ2
醤油…大さじ1

❶ にんにくは包丁の腹で潰す。フライパンに油を入れ、弱火でコリアンダーシードと一緒に焦げないようにじっくり炒めて香りを出す。
❷ にんにくにほんのり焼き色がついたら強火にしてピーマンを入れ、塩を振って炒める。ピーマンが焼けたら水を加え、水分を飛ばすように炒める。
❸ 仕上げに、醤油は香ばしさを出すために鍋肌から回し入れ、ピーマンを焼きつけるように炒めて器に盛る。にんにくと一緒に召し上がれ。

フライパンを振りすぎず、菜箸で押して焼きつけるようにすると香ばしさがアップ。いつも仕上げに使う醤油は、はつかり醤油です。

にんにくが主役の ピーマン炒め

上：村上祐仁さんの器　下：3RD CERAMICSの楕円皿(L)

（夏）

Summer

香草とスパイスたっぷりな、アジア料理

暑い時季は、すかっとした気分になれる
アジアンテイストで爽快感のあるテーブルに。
〝秘伝のタレ〟で食べるスパイス蒸し鶏は
友達からもリクエストが多い、私の定番料理。
ライスペーパーを巻いて揚げる、
ベトナム料理のチャーゾーは、大爆発の経験が（笑）。
それからは具だけをコロっと丸めて揚げる
ベトナム風メンチにアレンジしました。
プールで遊んでお腹がすいた子供たちには、
夏野菜を使って握る、おむすびをどうぞ！

menu

チャーゾーもどきベトナム風メンチ
スパイス蒸し鶏
鯛のセビーチェ
薬味たっぷり蟹缶春雨
あったら助かる揚げナス
蒸しとうもろこし
枝豆

with
ナチュラルワイン
（カルカリウス フレッチャボンブ/白微発泡）

夏らしく涼しげに白で統一して、差し色に水色の器を。取り皿に使った器は、tayfullと、吉田直嗣さんの真っ白い平皿です。あえてバラバラにしたワイングラスは、ラディコングラス、C&S、木村硝子のCAVAのもの。お客様に選んでもらうスタイルです。

タネは前日に作り置きできる!

ライスペーパーを使わない

チャーゾーもどきベトナム風メンチ

【 材料 】約10個分

豚ひき肉…200g
むき海老…80g(12尾ほど)
きくらげ…5g(水で戻しておく)
玉ねぎ…1/4個
にんじん…1/3本
にんにく…1かけ(約10g)
A | 塩…ひとつまみ
　| ヌクマム…小さじ1
　| こしょう…少々
　| ごま油…小さじ1
　| 溶き卵…1/2個
ドライパン粉…適量
揚げ油(米油)…適量
市販のチリソース…適量

❶ 海老はたたいて軽くみじん切り、きくらげ・玉ねぎ・にんじん・にんにくはみじん切りにする。ボウルで豚肉とよく混ぜる。
❷ さらにAを加えてよく混ぜたら、ひと口大より少し大きめサイズに丸める。
❸ ②にパン粉を付けて、170度の揚げ油できつね色になるまで揚げる。お好みでチリソースをつけて召し上がれ。

チャーゾーのライスペーパーが破れて、爆発した失敗から生まれたレシピです(笑)。すべての具(写真左)を丸めてからパン粉を付け、揚げるだけと簡単。タネは前日に作り、冷蔵庫で寝かせておけば当日さっと作れますよ。

水谷智美さんの器、金網つじの手編み丸盛り網 銅(大)

2〜3日前から作り置きできる!

スパイス蒸し鶏

【 材料 】5〜6人分

皮付き鶏の胸肉…300g
塩…適量
五香粉…小さじ1/4
オリーブオイル…大さじ3
ごま油…小さじ1
ブロッコリースプラウト…1パック

●秘伝のタレ
にんにく…1かけ(約10g)
オリーブオイル…大さじ3
生姜…20g
長ねぎの白い部分… 1本
A　中国醤油…50ml
　　醤油…50ml
　　みりん…100ml
　　千鳥酢…30ml
　　塩分8〜10%の梅干し
　　…約2個(大さじ2程度)
　　きび砂糖…小さじ1/2
　　ごま油…小さじ1

❶ 鶏肉は皮面をフォークで数箇所刺してから、塩を全体に3つまみ(肉に対して1%)なじませる。さらに皮面に2つまみの塩をつけ、五香粉もまぶす(写真a)。
❷ 食品保存用袋に、鶏肉とクセのないオリーブオイルを鶏肉全体に行き渡るくらい入れ、ごま油も加える。空気を抜いて封を閉じ、58℃のお湯に入れて低温調理器具で1時間加熱する(写真b)。その袋のまま冷水で冷やす。
❸ 鶏肉は皮を取って5㎜幅のそぎ切りにし、お好みの薬味を添え、秘伝のタレをかける。

[秘伝のタレ]

❶ 鍋にオリーブオイルとみじん切りにしたにんにくを入れ、弱火できつね色になるまで炒めて香りを出す。
❷ みじん切りにした生姜とねぎを入れ、ねぎの甘さを引き出すように色付くまで炒める。Aを入れて中火にし、焦がさないようにこまめにタレを混ぜ、とろみがつくまで煮詰める。
❸ 保存容器に移し、ごま油を入れて香りを出す。粗熱が取れたら冷蔵庫で冷やして完成。※タレは冷蔵庫で約1か月ほど持ちます。

b

a

SNSでアップするといちばん問い合わせが届く料理です。工程が多いけど、秘伝のタレさえ作ってしまえばとっても簡単！　鶏皮は食べませんが、旨みが出るので必ずついたまま低温加熱を。五香粉は鶏皮にだけ塗り、加熱後に剥がすとキレイな色に仕上がります。

鯛のセビーチェ

【 材料 】3-4人分

鯛の柵…200g
紫玉ねぎ…1/2個
セロリ…2/3本
ライム汁…1個分
ハラペーニョ…大さじ1（10g）
塩…小さじ1
オリーブオイル…大さじ5
パクチー…適量

❶ 鯛はひと口大、紫玉ねぎとセロリは5㎜角に切り、ハラペーニョはみじん切りにする。
❷ ボウルに材料をすべて入れて和える。器に盛り付けて、お好みでパクチーをのせて。

魚介類をマリネする南国料理の「セビーチェ」。魚介は、他の白身魚やタコ、ホタテなどで作っても美味しい。当日の朝に作り、冷蔵庫で冷やしておくとすぐ出せますよ。

薬味たっぷり蟹缶春雨

【 材料 】3-4人分

米油…小さじ1
春雨…60g
（緑豆春雨ショートタイプを使用）
にんにく…1かけ（約10g）
生姜…1かけ（約10g）
長ねぎの白い部分…1/2本
ごま油…大さじ2
ライム、レモン、ミント、パクチー…お好みで

A
蟹缶…1個
水…200ml
中華だしの素…小さじ2
ナンプラー…小さじ1

❶ ねぎは斜めに千切りにし、水にさらす。シャキッとさせたらしっかり水を切っておく。
❷ 沸騰したお湯（分量外）に春雨を入れ、火を止めて2分半したらざるにあげる。
❸ フライパンに米油を入れて中火で熱し、みじん切りにしたにんにくと生姜を炒めて香りが立ったら、Aを入れてひと煮だちさせる。
❹ ③に春雨を入れて汁気が少し残るくらいまでぐつぐつ煮たら、深めの器に盛り付ける。
❺ ①のねぎをのせ、別のフライパンで熱したごま油を食べる直前にジュワッと回しかける（写真左）。お好みでレモンやパクチーなどをどうぞ。

食べる直前にごま油をかけるので、料理に使う油は控えめに。薬味で味変するのも楽しいので、いろいろ切って出しておきます。

前日に作り置きできる！

あったら助かる揚げナス

【 材料 】3〜4人分

ナス…6本
揚げ油（米油）…適量
A
- 千鳥酢…大さじ3
- 醤油…大さじ5
- みりん…大さじ5
- きび砂糖…大さじ1と1/2
- 白出汁醤油…小さじ1
- 生姜…大さじ1（みじん切り）

❶ ボウルにAを入れて混ぜておく。
❷ ナスは乱切りにし、くたっとするまで170度の油で揚げる。熱いうちに①に入れて和える。
❸ 粗熱が取れたら冷蔵庫で冷やす。

ナスはたっぷりの油で揚げると美味しく仕上がります。酢を効かせているので、さっぱりしていて暑い夏に大人気！

おつまみで出す夏野菜をアレンジ。塩をちょっと多めにした、とうもろこし・枝豆・じゃこおかかの3種おむすび。

子供たちには、おむすびと冷やし麺を

冷やし麺

置いていても伸びにくい、グルテンフリーのZENBヌードル（細麺）で冷やし麺に。子供たちが食べやすいよう、麺は半分に割ってからゆでます。つけダレは、白出汁・醤油（各大さじ1）、牛乳（250ml、豆乳でも可）、ごま油（小さじ1）をよく混ぜ、万能ねぎを散らして。大人はラー油を加えるのもおすすめ！

上：村上祐仁さんの器　下：3RD CERAMICSの楕円皿(M)、下村淳さんのカップと絵皿、公長齋小菅のざる、ニトリで購入したグラス

秋 Autumn

旬の秋刀魚とあつあつ豚汁で、季節を楽しむ！

庭を作ってからは、
季節の変化や自然を楽しむことも小さな幸せに。
だから、気候のいい秋は
旬の味覚をシンプルに楽しむ外ごはん！
畑の古屋で見つけたかまどを使いたくて、
ネットで買った50人前の釜で豚汁の炊き出し。
美味しいけれど、味がブレるから、
まだまだ修行が必要です（笑）。
七輪で焼いた秋刀魚と一緒に
空の下、庭のテーブルでいただきます。

menu

具だくさんの蒸し豚汁
秋刀魚の塩焼き
with
ビール

onitのセットアップ、韓国土産のピアス、JOURNAL STANDARD relumeの別注adidasスニーカー

秋刀魚の塩焼き

普段はグリルか、クッキングシートを敷いたフライパンで焼く秋刀魚。子供たちも楽しめると思い、初めて七輪で挑戦してみたら、焼き慣れてなくて頭が半生に(笑)……しっかり焼き直しました。秋刀魚は焼きながら塩を振って、こんがり。すだちを絞っていただきます。

具だくさんの蒸し豚汁

【 材料 】6人分

米油…大さじ1と1/2
豚肩肉(バラでも可)…200g
にんにく…1かけ(約10g)
生姜…1かけ(約10g)
好みの出汁
…1パック(顆粒は小さじ1)
酒…大さじ1
みりん…大さじ1
水…800ml
味噌…大さじ3〜4
醤油…大さじ1

●具
絹豆腐(木綿でも可)…350g
こんにゃく…200g
ごぼう…1/2本
にんじん(小)…1本
大根…150g
里芋(じゃがいもでも可)…2個
長ねぎ…1本
玉ねぎ…1/2個
白菜…1/8個(120gくらい)

●薬味
細かく切った万能ねぎ・みょうが・長ねぎの白い部分、
大根おろし、柚子胡椒

❶ ごぼうは斜めに切る。にんじんはいちょう切り、里芋は乱切り、こんにゃくはひと口大に手でちぎる。ねぎは斜め小口切り。白菜は3㎝のざく切り。
❷ 深めの鍋に油をひき、根菜(ごぼう・にんじん・大根・里芋)→豚肉→こんにゃく、葉野菜(玉ねぎ・ねぎ・白菜)の順に入れ、油が全体に回るように炒める。
❸ すりおろした(みじん切りでも可)にんにくと生姜、出汁パックを破って中身を入れ、さらに炒める。
❹ さいの目に切った豆腐を具材の上にのせ、酒とみりんを入れてから、蓋をして中火で15分蒸す。残り5分くらいで一度ざっくりかき混ぜる。
❹ 水を加えて弱中火で約7〜8分煮込み、火を止めて味噌をとく。仕上げに、香り付けの醤油を混ぜて完成。お好みの薬味とどうぞ。

食感も楽しみたい豚汁は、野菜をいろんな切り方にするのがコツ。火が通りにくい根菜類から順番に入れ、食材から出る水分で蒸すと味わいがぎゅっと凝縮されます。我が家で使う出汁は、〈茅乃舎〉の出汁パックです。

3RD CERAMICSの楕円皿(L)、我戸幹男商店の汁椀、AELUで購入した内田悠さんのお盆、やちむんの小皿など

冬

Winter

湯気まで美味しい鍋料理は、冬の定番

寒い日は、みんなで鍋を囲んで温まろう。
地元の日本酒と、箸休めのサラダがあれば、
十分なおもてなしに。
ボールみたいに大きな鶏団子は、
ゲストに驚いてほしいだけという
私なりのサプライズ。
思い切ってレタスをひと玉入れても
ぺろっと食べられちゃう美味しさです。
ごはんを入れた雑炊で、〆は決まり！

BEFORE

menu

おっきな鶏団子鍋
かにかまのマメロニサラダ
市販のお漬物

with

日本酒
（田酒、豊盃）

テーブルに土鍋をのせて、カセットコンロでぐつぐつ楽しむ鍋料理。鶏団子用の白い器はDish（es）のKoudai.White、小皿は下村淳さんです。おつまみのお漬物をのせた高台は、mushimegane books.です。

MIESROHEのニット、Dish（es）のエプロン、Zoffのメガネ

スープは前日に作り置きできる!

崩して食べる

おっきな鶏団子鍋

【 材料 】6人分

●スープ
水…800ml
鶏ガラスープの素…大さじ1と1/2
薄口醤油…大さじ2
酒…大さじ2

●鶏団子
鶏ひき肉…600g
万能ねぎ(ニラでもOK)…1/2本
生姜…1かけ(約10g)
ごま油…小さじ1
塩…小さじ1/2
片栗粉…大さじ1
溶き卵…1/2個
レタス…ひと玉
豆苗…1/2パック

❶ スープを合わせて土鍋に入れ、弱火で温める。みじん切りにしたねぎと、材料すべてをボウルで練り合わせて6等分に丸め、大きな鶏団子を作る。
❷ スープに鶏団子を入れ、弱中火でぐつぐつと火を通す。アクが出たら取る。
❸ 千切りにしたレタス、豆苗を入れ、くたっとしたら器に盛る。

タネは当日朝に作って冷やしておき、鍋に入れる直前に丸めるとスムーズです。ひき肉はあまり練りすぎず、歯応えを残すのがおすすめです。鶏軟骨を刻んで入れてアレンジしても美味。

 本田屋食器店の土鍋、Dish(es)の白い器、鍛金工房 WESTSIDE33のおたま

前日に作り置きできる!

かにかまのマメロニサラダ

【 材料 】3-4人分

ZENBマメロニ(マカロニでも可)…120g
かにかま… 3本
キュウリ…1/2本
玉ねぎ…1/4個
ゆで卵…1個
とびっこ…適量
A | マヨネーズ…200g
きび砂糖…大さじ2
千鳥酢…大さじ2
カイワレ…適量

❶ 沸騰したお湯(分量外)でZENBマメロニを規定時間通りにでゆでたら、ザルにあげて軽く水で洗う。別の鍋で、卵を10分間ゆでておく。
❷ ボウルにAを合わせる。
❸ かにかまは食べやすい大きさに割き、キュウリは薄い輪切りに。玉ねぎは千切りにし、水にさらしてからしっかり水を絞る。
❹ ②のボウルにすべての材料を混ぜ合わせ、器に盛ったらカイワレを添える。

名古屋のおばんざい屋さんで食べた味が忘れられなくて、再現アレンジ。酢を入れると卵がしっとり、固まりにくくなるので前日の作り置きにも最適です。

ゲストに選んでいただく
日本酒のお猪口

長野の木曽で買ったお猪口から、竹村良訓さん、村上祐仁さんなど作家さんのものまで。お客様に好きなものを選んでもらうお猪口は、お醤油やソース入れ(p.99参照)、おつまみの器としても活躍しています。

鍋に合う日本酒

この日の日本酒は、地元・青森の「田酒」、「豊盃」を。頂き物など、いつも何種類か野菜室に冷やしてあります。そこからお客様に選んでもらったり、飲み比べたり。好きなもので乾杯します。

韓国気分なおもてなし料理

サムギョプサル専用ホットプレートで楽しむ、
本格的な韓国料理です。
味は現地でしっかり研究！
葉ものやキムチなど、野菜も多くて
ヘルシーに食べられるのもいい。

menu

サムギョプサル
雑穀サラダ
グリーンパラダイス
ピーマンのチャプチェ
ヤンニョムチキン
3種類のナムル盛り
水キムチと沢庵

取り皿も置き方次第で、華やかに。丸い器をキュッと近づけて、お花みたいに可愛く並べました。白い平皿は吉田直嗣さん、深さがある器は二階堂明弘さん、タレを入れた小皿は小林徹也さんです。

グリーンパラダイス

長皿にお好みの葉野菜を盛り付ければOK。サニーレタス、サンチュ（韓国スーパーでの購入がおすすめ！）、エゴマ、からし菜などお好みでどうぞ。

上から、3RD CERAMICSの楕円皿(M)、小林徹也さんの器、二階堂明弘さんの器

サムギョプサル

お肉屋さんでスライスしてもらった豚バラ肉を使います。塩を少々振ってしっかり焼き目を付けて。本場のようにハサミでカットして、好きな薬味や葉野菜と一緒にいただきます。

葉野菜に包んで食べたい

雑穀サラダ

【 材料 】2人分

『おいしさ味わう十六穀ごはん』
… 2袋(60g)
ツナ缶…50g
れんこん…80g
椎茸…3個
キュウリ…1/2本
紫玉ねぎ…1/8個
A　オリーブオイル…大さじ1
　　白ワインビネガー(もしくは千鳥酢)
　　…大さじ1/2
　　塩…小さじ1/3
レタスやえごま、好きな葉野菜…適量

❶ キュウリ・紫玉ねぎはみじん切り、椎茸は粗みじん切り、れんこんはいちょう切りにする。
❷ 沸騰したお湯に、『十六穀ごはん』のパックを入れて12分ゆでる。
❸ ①の椎茸とれんこんを加えてさらに3分ほどゆでたら、ざるに移して軽く洗い、水を切る。
❹ ボウルにAを混ぜ合わせ、①のキュウリと紫玉ねぎ、③と汁を切ったツナ缶を入れ、和えたら完成。

前日に作り置きできる!

多彩なタレ

醤油…100ml
粗挽き粉とうがらし…大さじ3
千鳥酢… 大さじ1
きび砂糖… 大さじ1/2
みじん切りにした長ねぎ…1本
すりおろしにんにく…10g
すりおろし生姜…10g

材料すべてを混ぜて作るタレはサムギョプサルだけでなく、ポッサムやお刺身、チャーハンの味付けなどにも。冷蔵庫保存で1～2週間持ちます。

Amazonで購入した丸型の焼肉用プレート

SAINT JAMESのトップス

ピーマンのチャプチェ

【 材料 】3-4人分

韓国春雨…130g
米油…大さじ1と1/2
塩…少々
ピーマン…3～4個
A | 醤油…大さじ2
　| ごま油…大さじ2
　| きび砂糖…大さじ1/2
　| 牛ダシダ…小さじ1/2
　| すりおろしにんにく…少々
　| 黒いりごま…大さじ1

❶ ピーマンはヘタと種を取り、千切りにする。
❷ 春雨は沸騰したお湯（分量外）で規定時間通りにゆで、湯切りしてハサミで食べやすい長さに切る。
❸ ボウルにAをよく合わせ、②の春雨をしっかり絡める。
❹ フライパンに油をひき、強火でピーマンに塩を振って炒める。火が通ったら③のボウルに入れて和え、器に盛る。

黒いりごまの風味がポイントのチャプチェ。ピーマンはシャキシャキ食感を残したいので、ささっと手早く炒めて。

前日に作り置きできる!

3種類のナムル盛り

●小松菜ナムル

小松菜…1袋(約200g)

A
- ごま油…大さじ1と1/2
- 醤油…小さじ2
- 鶏がらスープの素…ひとつまみ
- 塩…ひとつまみ
- すりおろしにんにく…少々
- 白すりごま…小さじ1

沸騰したお湯(分量外)で小松菜を2分ゆで、冷水で冷やし、これでもかってくらいしっかり水を切る。Aを混ぜ、小松菜と和える。

●もやしナムル

豆もやし…1袋
(水洗いして弱火で5〜6分蒸す)

A
- ごま油…大さじ1
- 鶏がらスープの素…小さじ1
- 白いりごま…小さじ1

豆もやしは水洗いして、弱火で5〜6分蒸したら、しっかり水を切る。Aとよく和えてできあがり。

●にんじんナムル

にんじん…1
ごま油…大さじ1
塩…少々
すりおろしにんにく…少々
白すりごま…小さじ1

にんじんは千切り(もしくはスライサー)にし、ごま油を入れて熱したフライパンで、塩を加えて炒める。にんにく・ごまを加えて軽く炒めて完成。

水キムチと沢庵

本場のお惣菜もあると、より本格的に。水キムチは大阪の友人のご実家『韓国料理MADANG』からお取り寄せしています。甘みがほしいときはリンゴや梨を入れたりも。沢庵は市販のものでOK。

●韓国料理MADANG Instagram @madang_sakai

上：上から、村上祐仁さん、二階堂明弘さん、水谷智美さんの器
下：ボデガのグラス、pejite 益子で購入した上田隆之さん器

ヤンニョムチキン

【 材料 】3-4人分

鶏もも肉…300g
A　酒…大さじ1
　　塩…ひとつまみ
　　すりおろしにんにく…10g
　　こしょう…少々
米粉…大さじ2
片栗粉…大さじ2
揚げ油(米粉)…適量

●タレ
コチュジャン…大さじ1と1/2
きび砂糖…大さじ1
ケチャップ…大さじ2
酢…大さじ1
水…大さじ1
ピーナッツ…適量

❶ ひと口大にそぎ切りした鶏肉に、Aをしっかり揉み込む。
❷ 米粉と片栗粉を合わせ、①の鶏肉にまぶす。170度に熱した少量の揚げ油で、両面を各2〜3分揚げる。
❸ タレの材料をボウルで混ぜ合わせ、揚げた鶏肉にしっかり絡ませる。砕いたピーナッツをかけて完成。

そぎ切りにすることで、揚げる時間が少なくて済み、ジューシーに仕上がります。米粉を使うと、皮はサックリ、中はしっとり食感に。

韓国料理に合わせたお酒

ナチュラルワインは、右からクローチ ヴァルトッラ ビアンコ(白)、ヴァランタン・ヴァンスのランディ プラス ルージュ(赤)。ワインはいつも相模屋本店のオンラインストアや下北沢のPerò、大阪のil soffioneなどで購入しています。

母ちゃんのごはん
おいしいゾ〜!!

母ちゃんの定番ごはん

普段のごはんは、
洗い物を少なくしたいから、
器を多くは使いません。
その分、栄養たっぷりの
家族が満足する料理を。
調味料や、
使い慣れた台所道具に頼って、
カンタンに美味しく!!

魚嫌いの息子も食べる！

メカジキのカレーライス

なかなか魚を食べない息子をだまして（笑）、
鶏肉の食感に似たメカジキで作ったカレー。
旨みのジャムは、
カロリーハーフじゃないほうがおすすめです。

【 材料 】5-6人分

メカジキ…３〜４切れ
塩…少々
にんにく…1かけ（約10g）
生姜…1かけ（約10g）
米油…大さじ1
カルダモンパウダー…小さじ1/2
玉ねぎ…1個
ナス…中1本
にんじん…1本
水…700ml
トマトジュース…400ml
A 『栗原はるみ わたしのカレー 中辛』…2袋
『ゴールデンカレー 甘口』…半量
ウスターソース…大さじ1
オレンジジャム…大さじ1

❶ メカジキは塩を振って余分な水分をキッチンペーパーで拭き取り、ひと口サイズに切る。
❷ 鍋に油を入れて中火で熱し、みじん切りにしたにんにくと生姜を炒める。香りが出てきたらカルダモンパウダーを入れて、さらに炒める。
❸ ひと口大に切ったにんじん、玉ねぎ、ナスを入れて2〜3分炒める。
❹ 水、トマトジュース、メカジキを加え、約10〜15分煮込む。
❺ 一度火を止めて、Aを入れて溶かす。弱火にかけ、とろみが出るまで煮込んだら完成。

ディル卵

マヨネーズ（大さじ2）、ヨーグルト（大さじ1）、塩・こしょう（少々）、手でちぎったディルをすべて合わせ、ゆで卵（ゆで時間9分）を入れて和える。

 佐藤もも子さんの器、韓国で購入したスッカラ

2分で作れちゃう♡

あま〜い卵焼き

もともと私の父が大好きで、
実家でよく食べた懐かしの卵焼き。
卵を焼くときは混ぜるのではなく、
外側から内側へ集めるようなイメージです。

【 材料 】1人分

卵…2個
きび砂糖…小さじ1強
醤油…小さじ1強
米油…大さじ1と1/2

❶ フライパンに油をひいて、強火で熱々にする。きび砂糖と醤油を入れてといた卵を流して、菜箸で外側から内側に集めるように焼いていく（p.125写真参照）。
❷ 最後にフライパンを軽くゆすってひっくり返したら、すぐに火を止めて器に盛る。

3RD CERAMICSの茶碗、我戸幹男商店の汁椀、AELUで購入した内田悠さんのお盆

お義母さん直伝レシピ！

冷や汁

私の冷や汁はごはんではなく、麺で作ります。
使う麺は、食感がたまらない稲庭うどん。
入れるお味噌は遠慮せず、
多めに使うのが美味しさのポイントです。

【 材料 】5-6人分

キュウリ… 1本
ミョウガ… 1個
長ねぎの白い部分…1本分
紫蘇…5〜7枚
A | 冷たい出汁汁…300ml
　| 味噌…130g
　| 白すりごま…60g
　| きび砂糖…小さじ1/2
稲庭うどん(素麺でも可)…4〜5人分

❶ キュウリ、ミョウガ、ねぎは小口切りに、紫蘇は千切りにする。
❷ ①をすり鉢に入れ、すりこぎ棒で歯応えが残る程度に擦る。Aを入れて一緒によく混ぜる。
❸ 氷を入れて冷やして、汁にうどんを絡めて食べて。

 義母に借りたすり鉢と器、公長齋小菅のおたまとざる

息子の大好物

トマトジュースのパスタ

ソースはトマト缶ではなく、
無塩トマトジュースを。
好きな量だけ使えて、飲めて、
保管もラクなんです。

【 材料 】2人分

ZENBヌードル（丸麺）
（他のパスタでも可）…2束
無塩トマトジュース…500ml
厚切りベーコン…100g
オリーブオイル…大さじ2
にんにく…2かけ
イタリアンパセリ… 2〜3本
有塩バター…20g
塩…ふたつまみ
パルミジャーノチーズ…好きなだけ

❶ オリーブオイルと包丁の腹で潰したにんにくを鍋に入れ、強火で熱してシュワシュワしてきたらひと口大に切ったベーコンも炒める。
❷ にんにくがきつね色になったら取り出して、一度火を止める。
❸ トマトジュースを入れ、強火にかけて塩を加える。沸騰したら中火にし、トロッとするまで煮詰める。
❹ パスタを規定時間通りにゆでる。③のソースが半分くらいの量になったら火を止め、ちぎったイタリアンパセリを入れる。
❺ 湯切りしたパスタをソースと絡めて、さらにバターとパルミジャーノを加えて全体的に混ぜて完成。

Awabi wareの器、田井将博さんのグラス（母用）、アコテで買ったグラス（息子用）

Kitchen Tools

愛用している台所道具

家族のごはんも、おもてなし料理も。
段取りよく、手早く作りたい私に欠かせない
台所道具をご紹介します。
どれも信頼している人からの情報を参考にしたり、
よい物を扱うお店で購入した道具ばかりです。

NO. 01 〈Bormioli Rocco〉社のスタッキングができるグラス

お酒だけではなく、副菜の小鉢や蕎麦猪口、チェイサー用としても活躍しているイタリア製のグラス。脚が短く気軽に使える「コロッセオ ステムウォーター(210cc)」と、シンプルな「ボデガ(220cc)」を愛用しています。耐熱だから食洗機もOK。お手頃で丈夫な上、スタッキングもできるから、数があっても収納場所に困りません。

NO.
02

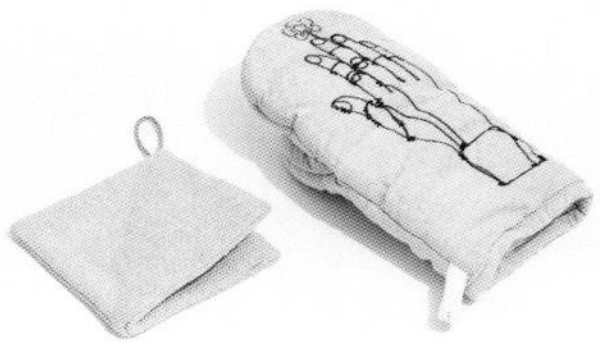

右）〈HAyU〉と 左）〈つちや織物所〉の鍋つかみ

ワイヤーアーティスト小川学さんのアートが刺繍された、〈HAyU〉のミトン。〈つちや織物所〉のものは、鍋敷きとしても使えます。両方ナチュラルな色と素材を選び、物がいっぱいのキッチンになじむようにしました。

NO.
03

〈本田屋食器店〉の 土鍋

友人が使っていて、取手のない珍しい形が素敵だと思い購入した「8号IHガス火両対応土鍋」。お店の方から教えていただいた「ごま油でキムチを炒めて作るキムチ鍋」は大好物で、もう何度も作ってます。

NO.
04

〈the reset〉の マグネットフック

〈だいどこ道具ツチキリ〉で、それぞれ購入。レンジフードにくっつけて、洗った大根おろし器や、カゴ、鍋つかみなど、軽い物をかけています。強力な磁石が使われていて、小さいけれど、かなり頼りになるアイテム。

NO.
05

千田耀子さんの 鍋敷き

茂木にアトリエを持ち、お庭など周りの野山で採った植物で作品作りをされている千田耀子さんの鍋敷き。自然に色味が変わっていく姿も含めて、その空間装飾にどっぷりハマってます。〈pejite 青山〉で購入。

NO.
06

ネットで購入した醤油差しと 〈IKEA〉の木製ケース

料理に合わせた道具で雰囲気を出すのも好きです。街中華っぽい醤油差しはAmazonと楽天で。「酢」が2つあるのは、どっちも捨て難くて（笑）。ケースは〈IKEA〉の木製ケースがぴったりでした。

NO.
07

〈山一〉の 桐の米びつ

天然の抗菌作用があり、虫除けもいらない桐の米びつは、温度や湿度も一定にキープしてくれるそう。10kgサイズもあったけれど、我が家は台所の棚に収まる5kgにしました。1合が測れる桐のマスも付いてます。

NO.
08

〈IRONCRAFT〉の
南部鉄器の揚げ鍋

〈だいどこ道具ツチキリ〉で購入。17㎝サイズと小ぶりで、少量を揚げたいときに便利。お手入れもしやすいです。南部鉄器だからか、カラリと揚がります。注ぎ口のおかげで、使い終わった油の処理もラク。

NO.
09

〈la base〉の
揚げ鍋セット

大人数のおもてなし用に、28㎝サイズを愛用。中の料理が揚げ網で一気に取り出せて、一個一個取り出す手間がなくてラクちん。左の油はね防止網は、スパイスカレーでマスタードがはねるときに。

NO.
10

〈conte〉の
オイルポット

揚げ物をよく作るわが家。〈だいどこ道具ツチキリ〉で購入した700ml入るオイルポットを使っています。シンプルな作りで手入れしやすく、注いだときに油が垂れにくいのもポイント。細くて収納場所も取りません！

NO.
11

〈山一〉の
鍋付ミニ和せいろ

温め直しから蒸し料理まで、重宝しているセット。せいろで蒸しつつ、下のお鍋でお味噌汁などの汁物も作れば、一気に複数品できちゃう。おもてなしのときは、そのままテーブルに出しても雰囲気が出て可愛いです。

NO.
12

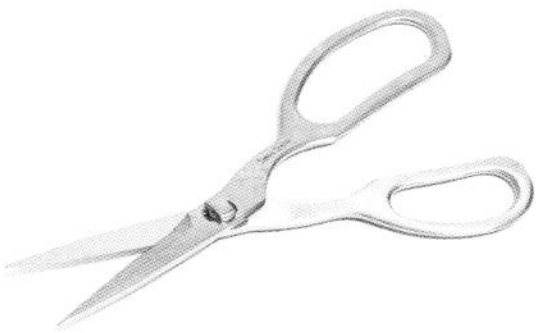

〈Three Snow〉の
キッチンバサミ

2枚の刃が簡単にはずせるから、すみずみまでキレイに洗えて衛生的。刃先がギザギザで切れ味もよく、鶏肉のお掃除や筋切りなど細かな作業もしやすいです。無骨な雰囲気のオールステンレス製。

NO.
13

〈山田工業所〉の
中華鍋

中華鍋の中でも、これは軽い！　職人さん熟練の技で扱いやすい角度に微調整されています。食材にさっと火が入り、焦げない。手元がチタンで熱くならないのもいい。〈だいどこ道具ツチキリ〉で購入しました。

NO.
14

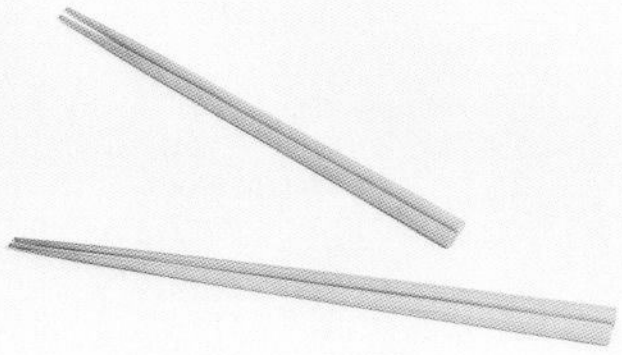

〈わいどの木〉の
菜箸

「青森ヒバ」で作られている菜箸は、丈夫で曲がりにくく、軽くて滑りにくいうえに、早く乾きカビにくい。33㎝は大きな鍋で炒めるときに。28㎝は料理の取り分け用や、盛り付け箸として活躍しています。

NO.
15

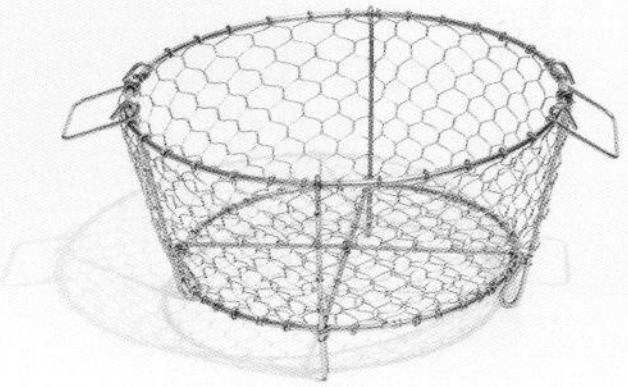

〈鳥井金網工芸〉の
水切りカゴ

網目が荒くて水切れもよいステンレスのカゴは、25㎝。洗った後でしっかり乾かしたい木のお椀やタッパー類などを入れています。使わないときはキッチン棚にS字フックを付けてかけています(p.11参照)。

NO.
16

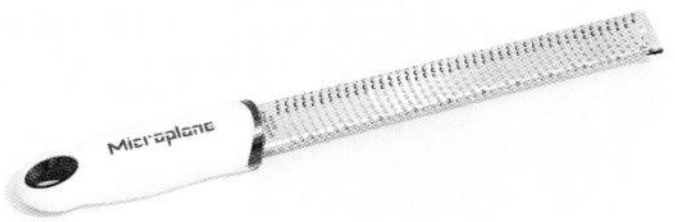

〈Microplane〉の
おろし器

チーズを削るときに使っている「プレミアムシリーズ ゼスターグレーター」。我が家では、レモンの皮や生姜、にんにくをおろすときにも活躍しています。料理の仕上げやくつくつ煮ているお鍋の上に直接削れるのでラク!

NO.
17

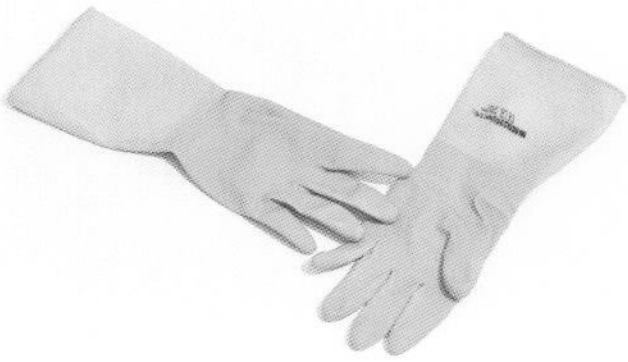

〈Marigold〉の
キッチン用グローブ

繊細なワイングラスなどを手洗いするときは、ハンドクリームを塗ってからはめ、50度のお湯で洗います。そうすると水切れもよく、手指も潤って一石二鳥! 濡れた食器が滑りにくくて、着脱もスムーズにできます。

NO.
18

〈無印良品〉の
シリコーン調理スプーン

手頃で丈夫で鍋類も傷めず、食洗機もOKな〈無印良品〉の神アイテム。細いスプーンは餃子やシュウマイを包むのに。上の2つはソースを混ぜたり、鍋の具材を少しだけ取りたいときなど。菜箸も愛用しています。

NO.
19

〈家事問屋〉の
メモリ付きボウル

入れながら計量もできるので、ボウルはメモリ付きのものがほとんど。深さがあり、混ぜやすい「下ごしらえボウル」は、注ぎ口付き。我が家では「あま〜い卵焼き」(p.128参照)にも大活躍しています。13㎝サイズ。

NO.
20

〈山一〉の
桧まな板

丸いまな板は、キッチンで場所を取らず、回しながら場所を変えれば違う食材を一気に切ることもできちゃう。一辺がカットされていて自立するから、乾かすのもラクです。28㎝の小サイズを使っています。

NO.
21

〈下村企販〉の
味噌こしと味噌こしスプーン

〈だいどこ道具ツチキリ〉で、それぞれ購入。同時におすすめされた〈工房アイザワ〉のボウルがぴったりだったので、組み合わせて使っています。味噌こしは、海老をさっとお湯にくぐらせたいときにも活躍。

NO.
22

〈VITLAB社〉の
メジャーカップ

調味料などをちゃんと計量すると味がブレにくいって、最近気づきました(笑)。ドイツ製のメジャーカップは、すっきりとした形で、青い目盛りも見やすい。250ml、500mlのものを〈Roundabout〉で購入。

NO.
23

〈marna〉の
調味料ポット

蓋の内側にパッキンが付いているから、しっかり閉まる。きび砂糖を入れていますが、湿気で固まることも少ないです。片手で持てる程よいサイズ感で、スプーンですくうときに簡単にすりきりできるのも便利です。

NO.
24

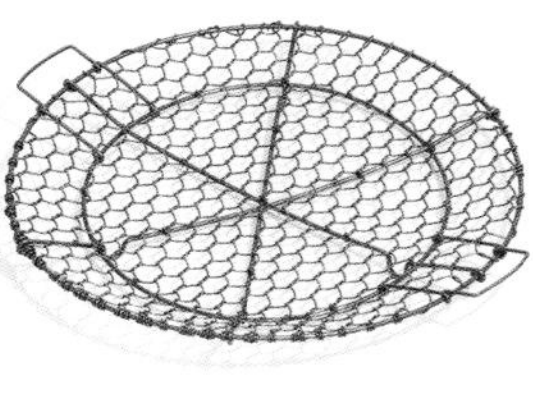

〈金網つじ〉の
手編み丸盛り網

ツレヅレハナコさんが紹介されていて、24㎝サイズ(大)を購入。当時はすぐに買えましたが、今や数ヶ月待ち。銅素材の亀甲編みで、お皿に料理と一緒にのせても素敵。使うほど魅力が増していくそうです。

NO.
25

〈鍛金工房 WESTSIDE33〉の
菊鍋

アルミ素材を、京都の職人さんがひとつひとつ叩いて作る「うどんすき鍋」。友人から教えてもらい、ネットで購入しました。もつ鍋、火鍋、薬膳鍋などいろいろ楽しみたくて、我が家は27㎝の大きなサイズです。

NO.
26

右）竹村良訓さんと
左）Julie Cloutierさんのカップ

代官山蔦屋書店でイベントをしたときに、工房で選ばせていただいた竹村さんの「イニシャルマグ」。唯一無二の色味に惹かれました。ジュリー・クラウティアさんの湯呑みは頂き物。すごく持ちやすいです。

NO.
27

〈Ｄｉｓｈ（ｅｓ）〉の
銅のフライパン

スパイスも愛用している〈Ｄｉｓｈ（ｅｓ）〉が、八尾の〈藤田金属〉と作った「DISH/PAN」。サイズは16㎝、20㎝、26㎝。フライパンのハンドルは取り外せて、オーブン料理にも使え、そのままテーブルにも出せます。

NO.
28

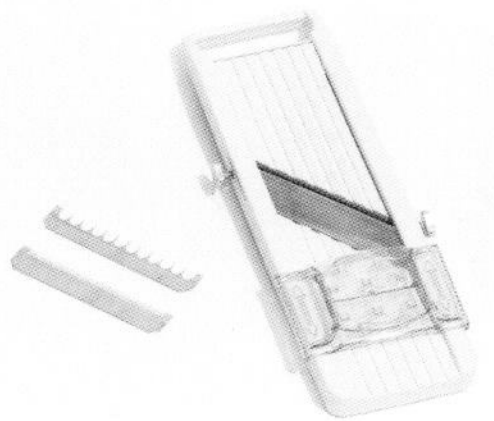

〈ベンリナー〉の
野菜スライサー

よく行く飲食店で使っていて、スマホに即メモ（笑）。3種の刃と、指を切らないためのガードが付いています。にんじんの千切りや白髪ねぎなどに重宝しています。私が使っているのは「K91」というモデル。

NO.
29

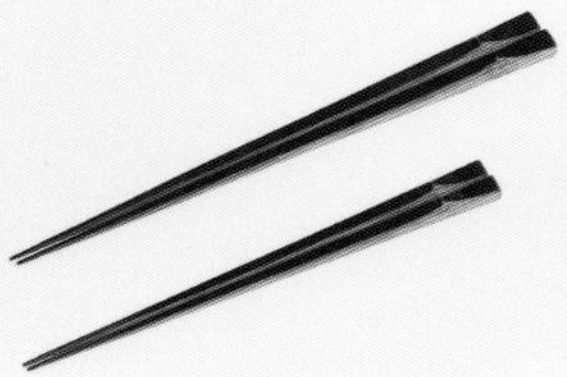

下村一歩さんの
竹箸

高知で制作されている下村さんのお箸は、大阪の〈LIGHT YEARS〉で購入。竹の自然の形を生かしながら、ひとつひとつ手作業で仕上げられているそう。17㎝と18.5㎝を、取り箸として使っています。

NO.
30

〈野田琺瑯〉の
ホーロータンク

保存食入れにも使われている「ホーロータンク」の14㎝サイズを、生ごみ入れにしています。蓋付きだから臭いもしにくく、中にごみ袋を入れれば捨てるのもラク。琺瑯素材だからお手入れもしやすいです。

NO.
31

右）〈グランピエ〉と
左）〈無印良品〉のバット

料理の粗熱を取るときや揚げ物の下ごしらえなどに活躍。白いほうは、〈グランピエ〉で見つけた古い物。〈無印良品〉のステンレスバットは、約21㎝と約26.5㎝の2サイズを使っています。

Good Seasoning

頼れる調味料たち

〈 ARIKOYA 〉の

白だし

ストレートでそうめんを食べたり、ミルフィーユ鍋の隠し味や、出汁巻き卵にも。無添加なのもありがたい。エディター・arikoさんのオリジナル万能調味料です。

〈 松本醤油商店 〉の

はつかり醤油

川越に遊びに行ったときに蔵元で見つけました。旨みの強さに感動！ 2年かけて天然熟成させた再仕込み醤油だそう。卵焼きや煮物の味付けに使っています。

〈 キッコーマン食品 〉の

牡蠣だし醤油

牡蠣の旨みが程よくきいているので、冷奴や卵かけごはんなど、シンプルな料理に、普通の醤油感覚で使うことが多いです。まろやかに仕上げたいときにも便利。

〈 旭食品 〉の

旭ポンズ

めかぶや生のわかめにちょっと垂らしたり、湯豆腐にかけたり。柑橘の香りと酸味でさっぱりといただける「旭ポンズ」は、晩酌のおつまみに活躍します。

〈 キッコーマン食品 〉の

しぼりたてうすくち生しょうゆ

密封ボトルなので鮮度を保ってくれる。色が淡いので、素材を生かしたい料理に使うと、キレイに仕上がります。いつも、鍋料理や煮物などに使用。

〈 ワダカン 〉の

八方汁

地元に帰ると必ず買う、青森の出汁醤油です。ちょっと甘くて、これと水さえあれば味が決まる万能調味料。魚介に合うので、実家ではナマコを和えてました。

〈 宝酒造 〉の

紹興酒「塔牌」花彫

唐揚げの下味に使ったら美味しくて！　よく作るからすぐになくなる紹興酒。甘酒と塩と一緒に鶏肉を煮るのもおすすめ。5年の物は使いやすいです。

〈 岩井の胡麻油 〉の

金岩井純正胡麻油金口

スーパーで気軽に買えるうえに、香りもよくて、遠慮なくドバドバ使えちゃう。シンプルな野菜炒めに使うと風味がよくなって美味しい。キムチ鍋にも使います。

〈 エスビー食品 〉の

李錦記 ナンプラー

スーパーで手頃に買えるナンプラー。揚げ物の下味や炒め物の味付け、レモンパスタなどオイル系パスタの仕上げにひと振りすると、一気に風味と旨みが増す。

〈 白鶴 〉の

サケパック まる

料理酒は、塩分の入っていない純粋なお酒が味付けの邪魔をしなくていい。これは買いやすくて美味しいので、料理だけじゃなく、晩酌用としても愛用（笑）。

〈 村山造酢 〉の

千鳥酢

お酢のツーンとした感じが苦手だった私の概念を変えてくれました。酸味が柔らかく、まろやか。香りもよくて、深みもあるから、お料理の味が決まる！

〈 角谷文治郎商店 〉の

三洲三河みりん

原料に国産のもち米だけを使用しているそうで、まろやかでコクがあります。煮物はもちろん、ミックススパイス、醤油と一緒にカレーの味付けにも。

美味しくて安心できる調味料には全力で頼ります。
スーパーなどで気軽に手に入るもの、食いしん坊から教えてもらったこだわりの味わい。
今ではどれも、我が家に欠かせません。

〈 ボーソー油脂 〉の
米油

卵焼き、炒め物、揚げ物、我が家はぜ〜んぶ米油。香りに癖がなく、料理にコクが出ます。酸化しづらいので、鉄鍋を使うときは必ず米油と決めています。

〈 SOLSOL SEOUL 〉の
ごま油

友人から教えてもらい、病みつきに。生搾りの韓国の物なのですが、香りが全く違います。熱々ごはんに明太子をのせ、垂らすと絶品！　サラダにかけても。

〈 Cedric Casanova 〉の
オリーブオイル

「フランチェスコのビアンコリーラ」は、いちばん癖がなくて好き。パスタ、サラダなど、なんでも使える万能なエクストラヴァージンオリーブオイルです。

〈 ろく助 〉の
旨塩

旨みが強い粗塩で、素材のよさを生かしてくれます。料理の仕上げや、サラダなどにパラリ。おむすびにも。下味には、惜しみなく使える「伯方の塩」をずっと愛用。

〈 仙人スパイス 〉の
純胡椒

摘みたての生の胡椒を、塩水漬けにしたもの。プチプチした食感も含めて美味しいんですよね〜。よく炊き込みごはんにのせて食べています。お刺身とも合う！

〈 ユウキ食品 〉の
やさしい味わいのガラスープ

口にするものは、なるべく無添加の物を選ぶようにしています。顆粒状の鶏ガラスープなら、これがおすすめです。麻婆豆腐や春雨、鶏団子鍋のレシピで使用。

〈 うさぎ農園 〉の
米粉

自社農園で栽培したお米を、石臼で細かくサラサラに挽いているそう。小麦粉代わりに唐揚げに使ったら、カリカリのサックサク！　固くならず美味しく揚がります。

〈 金七商店 〉の
クラシック節

鹿児島で職人さんが丁寧に削った上質な鰹節は、味も香りも抜群。出汁をとったり、卵かけごはんや冷奴にのせたり、そのまま食べたりと、いろいろ活躍。

〈 ZENB 〉の
ゼンブヌードルとマメロニ

普通のパスタも大好きだけど、罪悪感なく食べられるグルテンフリー♡　黄えんどう豆100％でできていて、食物繊維も豊富。美味しくて、ボウル一杯食べたいほど。

〈 茅乃舎 〉の
だしと野菜だし

無添加で美味しい出汁パックは、煮出したり、やぶって振りかけたりと日々活躍。「だし」はお味噌汁、甘みが出る「野菜だし」はポトフやナポリタンの味付けに。

道の駅などで買う
味噌

気分に合わせて使い分けている味噌は、スーパーで買う物も含めて、常に3〜5種類ストック。遊びに行った先の道の駅で、その土地の味噌を買うことも多いです。

〈 Dish（es）〉の
スパイス4種

配合が違う4種を使い分け。子供のカレーは辛くない「Sunday」を。「Monday」は特に愛用していて、素揚げしたじゃがいもにかけたり、コンソメスープの味変にも。

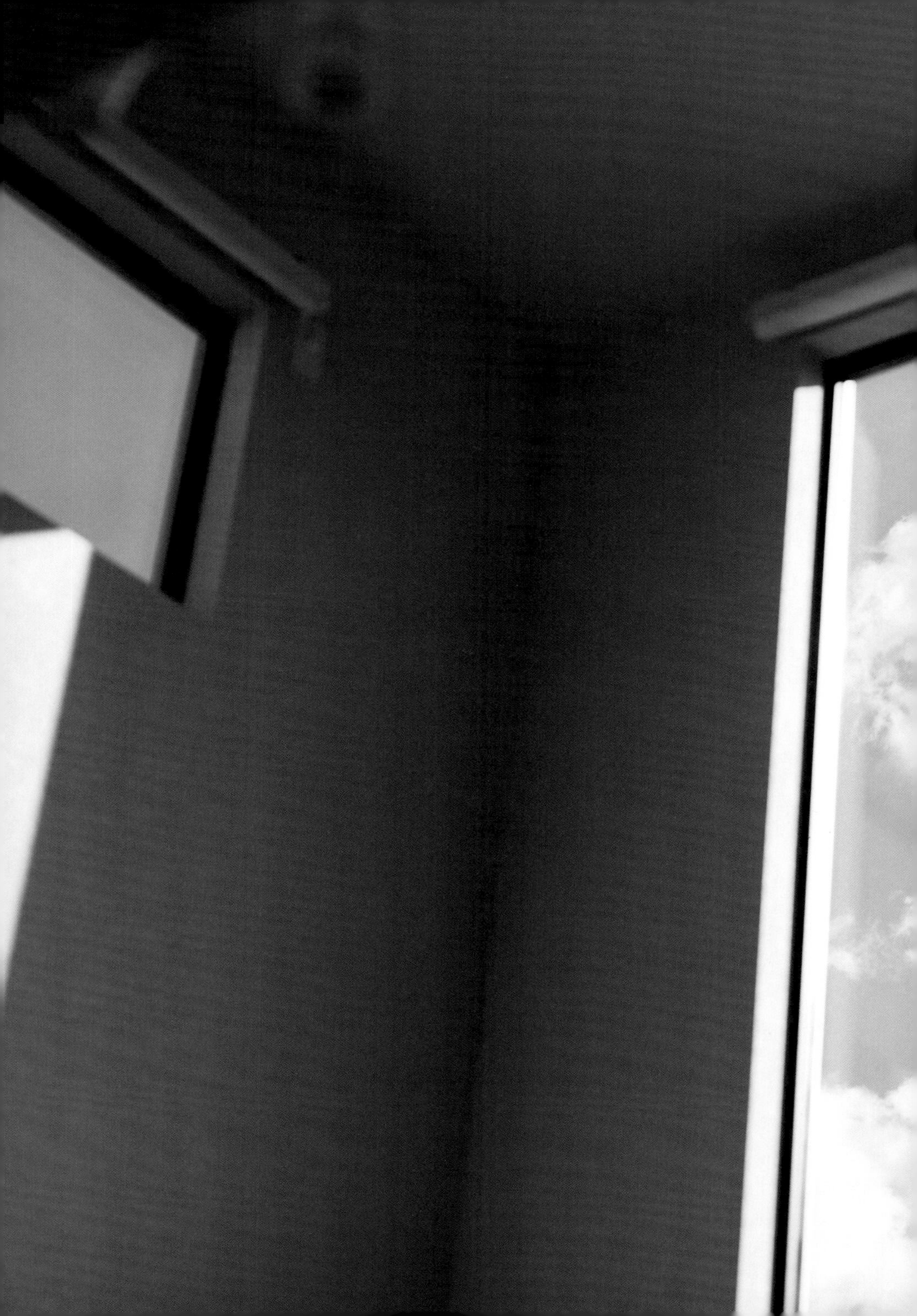

おわりに

最後まで目を通してくださり、本当にありがとうございます。

家の中、ぐっちゃぐちゃの日だってたくさんありますよ。この撮影に向けて、掃除したり片付けたりと、母ちゃん頑張りました。間に合わないときは、えいっ！と、洗濯物の山を奥に追いやって、見えないようにしたこともあったな(笑)。

〝ちゃんとする日もしない日も、メリハリをつける〟。頑張りすぎたら、自分も周りも疲れちゃいますから。いざとなったときのために、毎日アクセル全開にしない。50％でいこう！そんな風に日々を過ごすことで、私もだいぶラクになりました。

初めての家作り、相談にのってくれた友人各位。無知すぎる私たちにお付き合いくださった、黒澤工務店さんをはじめ職人の皆様方。この場を借りて、改めて感謝申し上げます。暑い日の作業は大変だったと思います。おかげさまで、自宅で堪能できるイベント事がたくさん増え、豊かな暮らしができて、毎日楽しく過ごしております。

本当に本当に、ありがとうございました。

そして恐縮ながら、こちらの本を通して、みなさまの毎日が豊かになりますように。

石岡真実

アートディレクション&デザイン/アイハラアツシ
写真/田村昌裕(freaks)
ライティング/ニイミユカ、山本有紀(itoto)
編集/山本有紀(itoto)、中村陽子(双葉社)
題字/夏太郎
エアーコーディネート/Meat Father
協力/増田麻耶、柳沢いぶき、そうま&りくう、
黒澤工務店(建築)、ひとつむぎ(造園)

※本書に掲載している洋服や器、その他のアイテムは
すべて本人の私物です。お問い合わせはご遠慮ください。

母ちゃん、ていねい たまにガサツ

2024年4月20日　第1刷発行

著者　石岡《いしおか》真《ま》実《み》

発行者　島野浩二
発行所　株式会社 双葉社
〒162-8540 東京都新宿区東五軒町3番28号
☎ 03-5261-4818(営業)03-5261-4835(編集)
http://www.futabasha.co.jp/
(双葉社の書籍・コミック・ムックが買えます)
印刷所　大日本印刷株式会社

※落丁・乱丁の場合は、送料小社負担にてお取り替えいたします。
「製作部」宛にお送りください。
ただし、古書店で購入したものについてはお取り替えできません。
☎ 03-5261-4822(製作部)
※定価はカバーに表示してあります。

ISBN978-4-575-31871-5 C0095